AF464731

L'ÉVÉNEMENT DU JOUR — AFFAIRE PONET

DEUX MOIS
A LA
COMÉDIE POLITIQUE

CURIEUSES RÉVÉLATIONS

Par A. B. DE SALLECRUP

Ex-Rédacteur à la COMÉDIE POLITIQUE et Secrétaire de M. Ponet

« La justice vient quelquefois lentement, mais elle vient sûrement ! Souvent elle procède d'abord par avertissements, mais il arrive un jour où, lasse d'avertir en vain, elle frappe directement.

« A. PONET. »

(*Comédie politique* du 27 mars 1887.)

PRIX : 2 FRANCS

LYON

IMPRIMERIE TYPOGRAPHIQUE J.-B. MOSSET

70, cours de la Liberté, 70

1887

DEUX MOIS

A LA

COMÉDIE POLITIQUE

L'ÉVÉNEMENT DU JOUR — AFFAIRE PONET

DEUX MOIS
A LA
COMÉDIE POLITIQUE

CURIEUSES RÉVÉLATIONS

Par A. B. DE SALLECRUP

Ex-Rédacteur à la COMÉDIE POLITIQUE et Secrétaire de M. Ponet

« La justice vient quelquefois lentement, mais elle vient sûrement ! Souvent elle procède d'abord par avertissements, mais il arrive un jour où, lasse d'avertir en vain, elle frappe directement.

« A. PONET. »

(*Comédie politique* du 27 mars 1887.)

PRIX : 2 FRANCS

LYON

IMPRIMERIE TYPOGRAPHIQUE J.-B. MOSSET

70, cours de la Liberté, 70

1887

PRÉAMBULE

Dans un procès mémorable — celui du capitaine Doineau — Jules Favre fit entendre un jour cette parole : Il suffit de traverser les couloirs d'un bureau arabe pour attraper la fortune.

De nos jours, partout autour de moi, j'entends répéter qu'il suffit d'avoir traversé les bureaux de la *Comédie politique* pour encourir le déshonneur.

Moi, qui ai eu la malechance de les avoir traversés, ces fameux bureaux, plus encore le malheur d'avoir été un des rédacteurs de ce journal, le secrétaire de M. Ponet et d'habiter avec lui, j'ai donc à élever la voix pour me disculper aux yeux de mes confrères et du public.

Cette voix, je l'élève aujourd'hui, et je tiens avant tout à prévenir le lecteur que les faits que je vais raconter sont l'expression de la vérité, de la plus exacte vérité. L'instruction judiciaire n'a pas tout révélé ni peut-être tout approfondi. Je vais donc mettre en lumière, parmi les particularités connues et publiées, des choses qu'on n'a point sues.

L'accusation aussi bien que la défense pourront peut-être trouver des armes dans ce livre. Libre à elles ! C'est un arsenal que je leur abandonne. Dans tous les cas, elles seront sûres d'avoir des armes loyales et bien trempées.

I

Comment je suis entré à la *Comédie politique* — Mes Fonctions

Le 28 mai dernier, je recevais de M. Ponet la lettre suivante :

Lyon, le 27 mai 1887.

Monsieur,

Je ne puis, bien entendu, prendre aucun engagement avant de vous avoir vu et d'avoir causé avec vous. Mais, si seulement la moitié du bien qu'on m'a dit de vous est vrai, je crois que cela pourra se faire et que vous pourriez, en effet, dans ce cas, être un de ces collaborateurs que j'appellerai *de confiance*.

Mais, pour cela, il faut que je vous voie au plus tôt, car vous savez que ma transformation en journal à huit pages commence lundi et qu'il me faudra tout de suite un concours assidu.

Veuillez agréer, Monsieur, mes salutations.

PONET.

Cette lettre était une réponse à une demande d'emploi que, quelques jours auparavant, j'avais

adressée à M. Ponet. Je lui avais écrit, dans ce but, deux ou trois missives dont je ne me rappelle plus les termes exacts, attendu que je n'ai pas l'habitude de garder le double de ce que j'écris, car si je le faisais il me faudrait un secrétaire, ce qui me sourirait assez, puisque je n'aurais pas à l'être chez les autres. Mais je crois me souvenir que je lui disais que dans l'administration d'un journal tel que le sien (je croyais cette administration beaucoup plus importante) il devait nécessairement se trouver un port pour amarrer ma barque.

A Lyon depuis peu de temps, je ne connaissais la *Comédie politique* que pour l'avoir lue une ou deux fois. J'ignorais complètement ce qu'elle était, sur quels moyens elle s'appuyait pour prospérer. Je l'avais jugée, en étranger que j'étais, comme un organe satirique, excessivement satirique même, s'attaquant plutôt aux institutions qu'aux personnes; mais j'étais loin de m'imaginer, comme l'a dit certaine feuille, ce qui est faux du reste, qu'il n'était pas un de ses articles, pas un seul, qui n'ait pour but le chantage, et pour moyen d'y arriver : la diffamation, l'injure et la calomnie.

Ce fut le 2 juin que je me présentai pour la première fois dans les bureaux de la rue de la Gerbe pour conférer avec M. Ponet, dont on m'avait donné le signalement, mais que je ne connaissais nullement, que je n'avais jamais vu.

Je fus reçu par Mme Babolat, belle-mère de M. Ponet et, comme j'ai pu le remarquer depuis, son âme damnée. « M. Ponet se trouvait à Monplaisir, il ne descendrait pas ce jour-là... » Telle fut la réponse de Mme Babolat à la remise de ma carte.

J'allai à Monplaisir et fus introduit immédiatement. M. Ponet se disposait à descendre à Lyon. Il m'emmena avec lui.

Descendus de tramway, nous nous promenâmes assez longtemps sous les ombrages du cours Gambetta.

M'ayant demandé si j'étais journaliste, et sur la réponse que je lui fis que je n'avais encore écrit dans aucun journal, m'étant contenté jusqu'alors de produire quelques romans et nouvelles, M. Ponet reprit :

— Le journalisme est un genre tout différent. Il vous faudra forcément subir une épreuve. Réussirez-vous? Je le voudrais. J'ai trouvé vos lettres charmantes, spirituelles, pleines de *brio*. Il y a de l'étoffe en vous. J'ai besoin d'être secondé. Je vieillis et je commence à m'user. Cette lutte de tous les jours, incessante et pour finir toujours la même, énerve et fatigue. Je n'ai plus la souplesse et la vivacité d'autrefois. A force de l'avoir gaspillé, l'esprit qui était en moi a fini par s'obscucir. J'aurais bien besoin d'un bon et fidèle lieutenant.

Et comme je lui faisais remarquer que son raisonnement semblait pécher par la base, qu'on n'est pas vieux à cinquante ans et que la pensée se nourrit d'elle-même et s'enrichit d'autant plus qu'elle se dépense davantage :

— Vous avez peut-être raison, me répondit-il ; mais il y a des moments où j'éprouve des défaillances inouïes et où l'envie me prend de déposer la plume. Cependant mon heure n'est pas venue. Vous m'aiderez donc. Faites-moi un article et vous me le soumettrez demain.

Je fis l'article dans la nuit et le lui portai à la première heure.

C'était un *Tour de Ville*, promenade humoristique à travers les magasins qui donnaient des annonces au journal : les *Deux Passages,* la *Chapellerie moderne*, *A la Renommée,* le *Grand Bazar*, la *Belle Jardinière*, le *Chocolat Payraud,* etc., etc. (M. Ponet m'avait au préalable fourni les noms et les adresses.)

Mon article lui plut assez. Il y fit deux ou trois corrections légères et il devait passer lorsqu'au dernier moment il se ravisa. J'ai su depuis pourquoi. Il n'entrait pas dans ses vues d'*économie* POLITIQUE, encore moins dans celles de la duègne Babolat, dont la voix était prépondérante au chapitre, de me laisser supposer que mes articles pourraient être bons dès le premier jour. M. Ponet me dit donc :

— Il y a du bon, beaucoup de bon, des choses même très drôles dans votre *Tour de Ville;* mais ce n'est point encore ça. Vous n'êtes pas dans le ton du journal. (Merci, mon Dieu ! de ne me l'avoir pas donné, ce ton-là !) Il faut recommencer, faire autre chose. Du reste, vous n'avez pas à vous décourager. Prenez exemple sur moi. Quand j'ai débuté au *Courrier de Lyon,* M. Jouve jetait invariablement tous mes articles au panier. Ce n'est qu'à force de patience, et j'ajouterai même de ruse, que j'ai fini par triompher d'une espèce de coalition qui faisait tout pour m'empêcher de percer. Ici, vous n'avez pas le même danger à redouter. Ne vous alarmez donc pas !

Et, s'animant peu à peu, changeant brusquement de conversation ou plutôt l'élargissant, il se mit à me tracer à grands traits un aperçu de ce qu'était le journalisme de nos jours, qu'il qualifiait de sacerdoce (*).

Il ne faut pas se lasser de le répéter, ajouta-t-il très éloquemment : Songer avant tout aux foules déshéritées et douloureuses, les soulager, les aérer, les éclairer, les aimer, leur prodiguer sous toutes les formes l'éducation, leur donner l'exemple du labeur, jamais l'exemple de l'oisiveté, amoindrir le poids du fardeau individuel en accroissant la notion du but universel, limiter la pauvreté sans limiter la richesse, créer de vastes champs d'activité publique et populaire, avoir comme Briarée cent mains à tendre de toutes parts aux accablés et aux faibles, employer la puissance collective à ce grand devoir d'ouvrir des ateliers à tous les bras, des écoles à toutes les aptitudes et des laboratoires à toutes les intelligences, augmenter le salaire, diminuer la peine, balancer le doit et l'avoir, c'est-à-dire proportionner la jouissance à l'effort et l'assouvissement au besoin, en un mot faire dégager à l'appareil social, au profit de ceux qui souffrent et de ceux qui ignorent plus de clarté et plus de bien-être, c'est là, que les âmes sympathiques ne l'oublient pas, la première des obligations fraternelles ; c'est là, que les cœurs égoïstes le sachent, la première des nécessités politiques. Et, de prêcher ces vérités aux quatre coins du globe, c'est le devoir du journaliste et, comme je vous le disais tout à l'heure, ce qui fait du journalisme un véritable sacerdoce. Oui, le journaliste est un prêtre ! Mais à côté de l'idée

(*) M. Ponet affectionnait singulièrement cette idée : *Le journalisme est un sacerdoce*. Je la lui ai entendu développer au moins cinq à six fois.

morale il y a aussi le côté pratique, celui que j'appellerai physique et qu'il ne faut jamais perdre de vue. Le culte doit entretenir son prêtre. L'homme ne vit pas seulement de la parole de Dieu ou humaine, il lui faut aussi du pain et autre chose : *Panem et circenses*. De là des combinaisons plus ou moins heureuses, que chaque organe de la presse s'ingénie à trouver. Il y a les annonces d'abord. J'y ai joint, moi, et c'est ce qui fait la force de mon journal, la mort aux abus, et j'ai compris là-dedans une guerre sans trève à tous les officiers ministériels qui majorent les frais et leurs notes. A cet effet, le samedi principalement, j'ai ouvert dans mes bureaux de la rue de la Gerbe comme une sorte de cabinet où les intéressés peuvent venir me voir et me consulter. Il y a des instances, notamment celles en partage, où l'on peut réaliser des économies variant de 50 à 2,000 °/₀. Or, il est juste et équitable que les personnes qui me chargent de ces sortes d'affaires et auxquelles je fais restituer des sommes indûment perçues, il est juste, dis-je, que ces personnes me donnent une rémunération. J'ai jusqu'ici bien négligé ces rentrées. J'ai beaucoup de lettres à écrire. Quand vous éprouverez le besoin de changer de travail et que vous aurez l'esprit battu à force de rédiger, vous viendrez dans mon cabinet et nous nous occuperons de cette correspondance. Je vous allouerai une certaine part sur les rentrées, ce qui, joint aux appointements que je vous donnerai comme rédacteur, vous constituera un assez joli mois. A dater de ce moment vous pouvez vous considérer comme mon secrétaire, et, à la fin du mois, alors que j'aurai pu mieux vous apprécier, nous fixerons d'un commun accord le chiffre de vos appointements.

Et voilà comment j'entrai à la *Comédie politique*.

Quelques jours après, M. Ponet m'ayant demandé si j'étais lié par un engagement quelconque avec les personnes chez lesquelles j'habitais, m'offrit, sur ma réponse négative, un appartement à Monplaisir dans son voisinage, puis brusquement une chambre chez lui. Il fut entendu que j'y prendrais pension en même temps. La place d'honneur me fut même donnée. J'ai toujours été à table entre M. et Mme Ponet et l'objet de prévenances telles qu'elles finissaient par me fatiguer.

A ces fonctions de secrétaire et de rédacteur vint bientôt s'en souder une troisième, que je ne saurai mieux définir qu'en la qualifiant de *garde de corps*.

M. Ponet ne fit plus un pas sans m'avoir auprès de lui. Le terrain, en effet, commençait à brûler. Je lui devins aussi nécessaire que sa canne et le revolver dont il ne se séparait jamais, pas même la nuit.

Pourquoi cette garde et cet arsenal, me demanderez-vous? J'aurais été, au début, assez embarrassé de vous répondre; mais, depuis que la lumière s'est faite sur les agissements de cet homme et que j'ai commencé à voir un peu clair dans son existence, je me suis dit que toutes ces précautions n'étaient point inutiles. Car, en effet, il pouvait s'attendre à tout d'un moment à l'autre, et le fait est si vrai que je prouverai, le moment venu, que si nous ne nous étions pas séparés définitivement l'un de l'autre, le samedi 30 août, à trois heures, l'agression dont il a été l'objet rue de la Gerbe, à trois heures et quart n'aurait pas eu lieu ou, du moins, aurait été sensiblement atténuée par ma présence... et ma présence d'esprit que n'a jamais possédée le directeur de la *Comédie politique*, à moins que... Mais n'anticipons pas sur les événements, nous aurons à reparler de cette arrestation.

Du reste, il n'y a pas à se le dissimuler. M. Ponet

est loin d'être un brave et on peut dire de lui ce qu'il a dit de M. D.., son ancien gérant : « C'est un lâche, un couard et un capon. » Au fait, s'il était nécessaire, on pourrait rappeler certain soufflet retentissant reçu dans certain café. La joue chaude encore, M. Ponet passa au comptoir, paya sa consommation et sortit sans faire un geste et sans prononcer une parole.

C'est qu'il y avait des instants où cet homme singulier devait étrangement voir clair dans sa vie. Dans ces moments lucides, comprenant bien l'importance du mal commis, il devait trembler, et certainement plus d'une fois il a dû redouter une justice sommaire en se rappelant l'apostrophe que lui lança naguère, en pleine Cour d'assises du Rhône, M. l'avocat général Beaudoin : « Ah ! Monsieur Ponet, si « M. Arnaud, dont vous avez insulté la mère, vous « eût tué comme un chien, quand vous lui avez refusé « une réparation par les armes, il ne se serait pas « trouvé un jury pour le condamner. »

Oui, cet homme a dû faire plus d'une fois de sombres retours sur lui-même. Plus d'une fois il a dû se dire, mais il était trop tard, que tout nous pousse dans la voie de l'honneur, même l'intérêt matériel, l'intérêt égoïste, parce que des jouissances mal acquises sont toujours mêlées de l'amertume de la crainte et du remords, et que, supposé même toute crainte et tout remords éteints, toujours le châtiment s'embusque au détour de la rue et vous fait payer cher le temps de l'illusion.

II

Mes Articles

Je n'ai pas à entreprendre leur apologie. Chacun a pu les lire et se convaincre qu'ils ne sont entachés d'aucun des griefs que l'on formule contre la presque généralité des autres articles de la *Comédie politique*. Je n'ai à rougir d'eux en aucune façon. Les uns sont tout simplement littéraires, comme *Bonjour, Soleil*, *Une Affaire bien embrouillée;* les autres sont d'intérêt public, comme *Les Brasseries à Femmes, Un Bouge, L'Assommoir;* enfin il en est quelques-uns d'actualité, comme *Spuller et Davout, Il reviendra,* etc.

Pour l'édification du lecteur qui ne les connaîtrait pas, et afin de ne pas interrompre mon récit, je les reporte à la fin de cette brochure, aux *Pièces justificatives*.

Comme je l'ai dit tout à l'heure, j'éprouvai d'abord certaines difficultés pour faire passer ces articles. M. Ponet les trouvait trop littéraires et nullement en rapport avec le ton du journal. C'est ainsi qu'il m'en a jeté plus d'un au panier. Ce n'est que lorsque le premier eût paru et que plusieurs personnes eurent applaudi à ce genre si étranger à la feuille de la rue de la Gerbe, que les autres trouvèrent grâce devant lui, qu'il me donna à peu près carte blanche et me laissa libre de traiter les sujets qui me conviendraient.

Parmi ceux qui m'ont le plus chaudement appuyé auprès de M. Ponet, je dois signaler M. Mosset, l'imprimeur de la *Comédie politique,* que les articles de plus en plus violents de son directeur commençaient à fatiguer. Je l'en remercie ici : son sentiment était louable et partait d'un cœur honnête.

J'ai eu aussi mes détracteurs. Le pire fut M. Paulin Blanc. Ses attaches à la *Comédie politique*, où il cultivait surtout le côté littéraire, lui firent découvrir en moi sinon un ennemi, du moins un intrus. Serait-il vrai que l'envie, la jalousie règnent en souveraines chez les littérateurs? qu'ils sont toujours prêts à se déchirer les uns les autres, à se déprécier, à se nuire? J'ai vu, pour ma part, beaucoup de preuves du contraire, beaucoup de traits d'abnégation, de générosité. Il peut y avoir, il y a sans doute des littérateurs méchants, haineux, hargneux; mais je soutiens qu'ils sont tels parce que c'est leur caractère, non parce qu'ils sont littérateurs. En une autre carrière ils eussent été les mêmes, pires peut-être.

Quoi qu'il en soit, M. Blanc me devint tout de suite antipathique. J'ai rarement rencontré caractère plus tranchant, esprit plus froidement superbe. Hélas! il voudrait bien aujourd'hui n'avoir jamais publié que des articles aussi anodins que les miens. Mais les applaudissements de la galerie, me dira-t-on? Hé! qu'importent les applaudissements quand, au bout de la galerie, on entrevoit le banc de la police correctionnelle !

J'ai eu encore deux aboyeurs, mais si infimes ceux-là, que j'éprouve quelque répugnance à en parler : Paccaud et Adolphe Ponet fils. Le premier, arrêté quelques jours après Paulin Blanc et le jour même où le journal s'effondrait, obéissait à un mobile qui fera que je respecterai son malheur : il était pauvre et avait besoin de tirer à lui le plus de couverture possible. Hélas! il doit bien s'en repentir aujourd'hui que son avenir est brisé et sa vieille mère dans les larmes. En raison de son infortune il y a longtemps que je lui ai pardonné, et si, comme je le crois, il n'a été entre les mains de Ponet qu'un instrument absolument passif, j'espère que les juges lui en tiendront compte et lui pardonneront à leur tour.

Quant à Adolphe Ponet fils, c'est une autre affaire. Je n'ai pas à discuter avec un morveux de son espèce. Qu'il aille d'abord à l'école reprendre le cours de ses études interrompues, et, quand il saura à peu près convenablement écrire le français, nous verrons ce que nous aurons à faire. Parce que ce petit monsieur a signé deux ou trois *articletons* dans lesquels il n'a écrit que son nom, lesdits *articletons* ayant d'abord été corrigés par moi et ensuite par son père, et que, pour satisfaire son immense orgueil, on lui a permis de mettre au bas : *A. Ponet fils,* il ne faut pas qu'il s'imagine qu'il est quelque chose dans ce monde qui tourne.

Tout ce que nous pouvons faire pour lui, c'est de le recommander chaudement à Mlle Bas et à M. Pastour, du Conservatoire, pour ses appréciations, très personnelles celles-là, à leur égard (*). C'est aussi de placer sous les yeux de nos lecteurs un échantillon de son orthographe que nous avons le bonheur de posséder :

Comment se fait-il que le jeu dit des petits chevaux soit *tolérés?* Que ces petits chevaux *soit* de fer de bois ou de bronze *il représente* toujours pour le parieur qui les *utilisent* la même chance du hasard que *peut* présenter les cartes.

N'est-ce pas qu'un grammairien de cette taille a le droit d'opposer son véto sur des articles d'hommes qui ont trois fois son âge et des diplômes qu'il n'aura jamais ?

Mais laissons M. Adolphe Ponet fils, d'autant plus que nous aurons à revenir sur son compte, et reprenons la suite de notre récit.

(*) Voir le dernier numéro de la *Comédie politique*, dimanche 7 août.

III

Une Guerre de Peaux-Rouges — Les Brochures anonymes — Les Affiches

Le vendredi 10 juin, j'étais avec M. Ponet à l'imprimerie de la *Comédie politique* quand un individu s'approcha de lui et, après quelques mots d'explication, lui remit une lettre. M. Ponet en prit connaissance et sortit bientôt, causant toujours avec cet étranger, que j'ai su depuis être un nommé P... D... Ils s'arrêtèrent place du Pont, à l'angle du cours Gambetta, et là la conversation devint alors assez animée. Par discrétion, je m'éloignai des deux interlocuteurs et j'attendis assis sur un banc voisin l'issue de cette discussion, qui dura bien une bonne heure. M. D... s'étant éloigné, nous prîmes le tramway de Monplaisir. Que s'était-il passé? M. Ponet nous l'expliqua longuement pendant le souper.

La lettre mise sous ses yeux par D... était d'une écriture imitant les caractères d'imprimerie. Elle exigeait de D... des renseignements sur lui, Ponet, sa famille et son journal et, en cas de refus, le menaçait de révélations graves.

On avait ensuite proposé à D... de faire partie d'une ligue fondée contre toujours lui Ponet, et on lui offrait 1,000 francs pour prix de son acquiescement ; mais il avait refusé, disait-il, ne voulant pas combattre le *chef* de la *Comédie politique*. Cependant un nommé T... avait accepté 1,000 autres francs et D... déclarait que le sieur P... était l'âme de cette ligue.

En nous contant cela, M. Ponet riait parfois, mais un observateur attentif — je l'étais soudain devenu — eût reconnu bien vite que c'était un rire mauvais, un rire forcé. Brusquement M. Ponet se leva de table et alla se coucher.

Le lendemain je le trouvai agité, nerveux, se promenant dans le jardin.

— Allons nous préparer, me dit-il, nous descendrons à Lyon.

La veille même, un voisin avait remis à M. Ponet un brochure anonyme qui avait été jetée dans sa boîte. Cette brochure renfermait contre M. Ponet, sa belle-mère, sa femme, son fils et même sa domestique, les plus basses et les plus sales attaques ; c'était la deuxième qui lui était ainsi remise. A tort ou à raison, il les attribuait à M. P..., cité plus haut. Je puis bien le dire, puisque ces brochures ont fait l'objet d'une plainte adressée, le 9 juillet, à M. le juge d'instruction Vial, plainte que j'ai moi-même copiée et qui se trouve reproduite en entier dans la *Comédie politique* du 17 juillet. J'ignore le contenu des deux premières brochures ; mais j'en ai lu une troisième qui était tout simplement ignoble. Je ne m'étendrai pas davantage sur des brochures dont l'auteur se cache. On sait quelle est la valeur des écrits anonymes et l'estime qu'on a généralement pour les personnes qui se livrent à ce genre d'attaques. Toutefois, je ne puis m'empêcher de faire remarquer que l'anonymat était une des armes favorites du directeur de la *Comédie politique*, et qu'on le combattait ainsi avec ses propres armes. M. Ponet, en effet, a rarement attaqué de face les personnes qu'il insultait périodiquement dans son journal. Il s'abritait derrière de nombreux pseudonymes et laissait parfaitement retomber la responsabilité de ses articles sur le gérant, qui pouvait jusqu'à un certain point en connaître l'auteur, mais sans jamais pouvoir le prouver. C'est ainsi qu'à la suite de la démission du sieur D..., ne pouvant trouver un gérant, il imposa cet emploi au sieur B..., son parent, qui est bien l'homme le plus innocent du monde, ce qu'en termes vulgaires on appelle la bête du bon Dieu, ce qui ne l'a pas empêché d'avoir à répondre, aujourd'hui même 26 août, d'un article écrit par son directeur et neveu (*).

(*) Le *Lyon républicain*, dans son numéro du dimanche 28 août, a rendu compte de cette affaire.

Voici en quels termes :

« Le nommé B..., gérant du journal la *Comédie politique*, était cité à comparaître à l'audience de la police correctionnelle du vendredi 26 août, sur l'inculpation de contravention à la loi sur la presse de 1884, en publiant dans son journal le compte-rendu détaillé du procès en diffamation intenté à ce journal et aux sieurs D... et Rassat par Me Charrérau, avoué.

« Le prévenu ne se présentant pas, le tribunal le condamne par défaut à 1,000 francs d'amende et aux dépens. »

N'est-ce pas que ce pauvre B... doit énormément de remercî-

M. Ponet se plaint amèrement de ce que dans les brochures anonymes dirigées contre lui on attaque sa belle-mère, sa femme, ses enfants. Je ne comprends guère cette plainte dans la bouche d'un homme qui a passé une grande partie de son existence à fouiller dans celle des autres, qui a bavé sur des femmes et sur des enfants au moins aussi intéressants que les siens. Ah ! monsieur Ponet, je vois ici le doigt de Dieu. Le grand justicier vous punit par où vous avez péché. C'est la peine du talion : œil pour œil, dent pour dent, vie pour vie. Vous attaquez bien les autres, pourquoi ne vous attaquerait-on pas ? Vous attaquez bien la femme et les enfants des autres, pourquoi n'attaquerait-on pas votre femme et vos enfants ?

Quoi qu'il en soit de ces appréciations diverses, et pour reprendre mon récit au point où je l'ai laissé, M. Ponet se trouvait singulièrement affecté de ces menaces qui venaient le troubler dans sa quiétude ordinaire. Il avait beau dire qu'il y était habitué et qu'il saurait réduire ses ennemis au silence, le coup était porté, et, étant donné la violence de son caractère, on pouvait prévoir une lutte acharnée et terrible, d'autant plus acharnée et terrible qu'elle allait s'attaquer à des personnalités et devenir, comme l'a si bien

---

ments à son parent Ponet et à sa sœur Mme Babolat ? B..., en effet, qui n'a jamais possédé 1,000 francs dans sa poche, verra son amende se changer en prison et son casier judiciaire, vierge encore, se maculer d'une condamnation. Pour être de bons parents, on peut dire que Ponet et Mme Babolat sont de bons parents, car ils savaient bien, eux, le sort qu'ils allaient créer à leur « *cher B...* » en lui imposant les fonctions de gérant de la *Comédie politique*.

dit depuis le *Salut public*, une guerre de Peaux-Rouges.

M. Ponet commença les hostilités en publiant dans son numéro du 19 juin, sous le titre de *Gredins*, un article des plus violents. Après avoir reproduit sa conversation avec D... il continuait ainsi (*) :

En vérité, le sieur D... était un envoyé de P..., son collaborateur au *Journal de Guignol*, et ledit D..., dans sa démarche, avait ce double but : 1° Essayer, le vendredi soir, de faire peur à la *Comédie politique* et de l'amener ainsi à supprimer les révélations qu'elle faisait contre le sieur P...; 2° en même temps d'essayer de dégager sa responsabilité à lui, D..., le jour où l'on saurait sans contestation possible que les petites brochures anonymes partaient du bureau de son journal. Qui sait? peut-être avait-il un autre but encore. Les temps sont si durs (**)!...

Tout cela n'a réussi, hélas! qu'à faire la lumière plus grande encore sur les machinations du sieur P...

Eh bien! je donne ici un charitable avis à trois personnes : à T..., à D... et au commandant X..., aide-de-camp et bailleur de fonds de D...

Il a paru jusqu'à ce jour deux brochures anonymes P..., avec la complicité des trois personnes dont il s'agit. Pour les deux brochures parues, P... seul paiera et paiera bien. Mais s'il en paraît une troisième, D..., T... et le commandant X... seront ici mis à nu et exposés dans cet état au

---

(*) Une fois pour toutes et afin de dégager ma responsabilité je préviens le lecteur que je n'épouse les querelles de personne. Je narre simplement les faits tels qu'ils se sont passés, tels qu'on a pu les lire dans la *Comédie politique* et dans le *Journal de Guignol*. Ce sont des champs ouverts à mes explorations et j'en profite. Je remplace les noms par l'initiale, c'est tout ce que je puis faire.

(**) Chose étrange et singulière! Le maître-chanteur voyait du chantage partout. Que voulez-vous? C'était sa vie, à lui. Il se figurait que tout le monde vivait de même.

public. Qu'ils continuent donc s'ils pensent que cette exposition pourra être un beau spectacle !...

Le *Journal de Guignol*, ainsi mis en cause et menacé, répondit à ces attaques en faisant couvrir les murs d'affiches; il annonçait l'*Exécution du maître-chanteur Dodolphe Ponet.*

Celui-ci employa le même moyen d'intimidation et fit placarder à son tour des affiches commençant par ces mots écrits en gros caractères : *Escrocs, Voleurs et Souteneurs se disant journalistes.* Les hostilités redoublèrent ; chacun s'embusqua derrière sa feuille et des torrents d'injures furent vomis de part et d'autre. Paulin Blanc, qui commençait ses attaques contre le Lycée de Lyon sous un pseudonyme très transparent, recula dès les premières escarmouches. Il se rendit à Monplaisir pour annoncer à Ponet qu'il croyait devoir provisoirement ajourner ses articles sur le Lycée. « Il recule ! » se contenta de dire le maître. La *Comédie politique*, dans son numéro du 3 juillet, annonça en ces termes cette résolution à ses lecteurs :

« Monsieur le secrétaire de la rédaction (*),

« Vous m'avez donné toute liberté pour signaler dans votre journal les abus de l'enseignement universitaire, au point de vue spécial du dommage et des déceptions que cet enseignement cause, soit aux familles, soit à l'Etat.

« L'œuvre de critique que j'ai entreprise m'est inspirée

(*) Très curieuse cette suscription venant de la part d'un homme tel que Blanc et qui, étant parfaitement initié aux secrets du journal, savait parfaitement qu'il n'y avait pas de secrétaire de la Rédaction.

uniquement par le désir d'être utile aux parents qui confient leurs enfants à l'Université et à la bonne réputation de la République (*).

« Au moment de mettre la main à la plume (c'est bien prosaïque, maître Blanc) pour commencer ma première *philippique*, j'éprouve un scrupule, et je vous prie, ainsi que vos lecteurs, de vouloir bien m'accorder un renvoi à quinzaine. . . . .

« ALBINUS. »

(*) Merveilleux, monsieur Blanc! mais qu'est devenu ce fameux bonapartisme d'antan qui a fait si longtemps florès à la *Comédie politique*?

IV

L'Affaire H... — Trop de fiel

Une des premières affaires de chantage relevées par le *Journal de Guignol* à la charge de Ponet fut celle de M. H... Je n'y accorderais pas plus d'intérêt qu'elle ne mérite si je n'avais à relever certaines assertions contraires, croyons-nous, à la vérité, et qui, émanant des deux camps, aussi bien du *Journal de Guignol* que de la *Comédie politique*, tendraient tout simplement à faire voir en M. S..., courtier d'annonces à la *Comédie politique*, un complice actif du chantage H..., tandis que, à mon point de vue, il n'aurait été qu'un agent absolument passif et dans tous les cas bien inconscient.

Simple narrateur des faits, je n'ai point à rechercher les motifs secrets qui poussent le *Journal de Guignol* à s'acharner après M. S..., que je tiens pour un parfait honnête homme et qui n'a eu, comme presque tout ce qui peuple aujourd'hui les bureaux et la rédaction du susdit journal, qu'un malheur dans sa vie, celui d'être entré à la *Comédie* *politique.* Il faut que cet acharnement soit bien grand, puisque par trois fois le *Journal de Guignol* le prend à partie et que, dans son numéro du 21 août, il a l'air de sommer le Parquet d'avoir à procéder à son arrestation. Ah çà! quel métier exerce donc ce journal, que pas une feuille de Lyon n'a encore osé citer?... Ce n'était pas la peine assurément de prévenir ses lecteurs que son œuvre était *terminée*, puisqu'il accuse toujours et qu'il trouve encore le moyen de s'amuser aux bagatelles de la porte en promettant de conter, dans son prochain numéro, « l'histoire d'une orgie à la villa Boueuse, à la suite « de la parfaite réussite d'un chantage de quelques « centaines de francs (*). »

Pour être si bien renseignés, vous y étiez donc? Alors vous pourriez bien être complices, jusqu'à un certain point, du chantage en question (**).

Mais revenons à l'affaire H...

M. Ponet la relate en ces termes dans son numéro du 10 juillet :

Narrons maintenant en quelques mots l'incident de la fameuse lettre que H... a livrée à la cause des souteneurs, escrocs et voleurs dont il a été question la semaine passée et dont il est question aujourd'hui encore.

(*) Prière de remarquer que j'écris ceci le 26 août.

(**) J'ai reçu, depuis, le *Journal de Guignol* du 4 septembre, paru le 1er. Il a renoncé, paraît-il, à nous narrer cette mirobolante histoire. De plus, lui si prolixe d'habitude sur les faits et gestes de Ponet... et des autres, il garde aujourd'hui un silence prudent. A-t-il eu peur de voir se renouveler la scène de la place de la République ou n'aurait-il pas reçu du Parquet un avertissement l'invitant au calme et... à la décence.

Cette lettre, anonyme, comme on sait, avait trait à un procès qui vient d'avoir lieu et que, contrairement à la loi, suivant moi, ainsi que je le démontrerai, le sieur H... a gagné en première instance. Au moment où cette lettre arriva au bureau, en l'absence de M. Ponet, qui n'était pas venu à Lyon ce jour-là, le courtier des annonces du journal était là, et, en relations avec H... depuis de longues années, il demanda qu'on lui prêtât cette lettre pour la faire voir à H... Si M. Ponet eût été là, la lettre eût été refusée, M. Ponet ayant pour principe de garder pour lui les communications même anonymes qui lui sont faites. Mais le nouveau gérant du journal, installé depuis la veille, ne connaissait guère les usages de la maison, et il ne vit aucun obstacle à prêter la lettre.

Le courtier du journal alla donc chez H..., lui montra la lettre, anonyme, ne l'oublions pas, et en plaisanta avec lui. H... le pria de lui laisser cette lettre une journée, et le courtier y ayant consenti, — ce qui n'a d'ailleurs pas d'importance — H... la porta simplement... au *Journal de Guignol.*

Le dernier paragraphe de cette citation me paraît vrai. Le deuxième est faux et je le prouve. M. S... prétend qu'ayant trouvé cette lettre sur une table du bureau il l'emporta pour en donner connaissance à M. H... M. Ponet dit que *le nouveau gérant, installé depuis la veille, ne connaissant guère les usages de la maison, ne vit aucun obstacle à prêter la lettre.* Voici deux versions absolument différentes. Laquelle croire? Evidemment la première, puisque la deuxième est entachée de mensonge. *Le nouveau gérant, ne connaissant guère les usages de la maison,* ne pouvait prêter la lettre, puisque quand elle fut présentée à H..., *M. D... était encore gérant* et que ce n'est que le samedi 18 juin que M. B..., *le nouveau gérant,* fut installé dans ses fonctions, et la meilleure preuve en est dans ce que le numéro du dimanche 19 juin, imprimé le vendredi 17, porte encore la signature de D... comme gérant,

Que conclure de tout cela, si ce n'est que M. S... courtier à la *Comédie politique* depuis quelques jours seulement, aux appointements de quinze francs par semaine et 15 °/₀ sur les annonces, ne pouvait évidemment pour un si maigre salaire se prêter à une combinaison délictueuse? Penser autrement serait fouler aux pieds tout sentiment et toute raison.

Je l'ai dit et je le répète, je tiens M. S... comme un homme de cœur et tout d'une pièce, et si j'avais besoin d'une preuve à l'appui je la trouverais dans le refus qu'il opposa à M. Ponet quelques semaines plus tard de tenter le renouvellement d'un traité d'annonces avec certaine maison, affaire qui lui semblait tout au moins louche, si ce n'est absolument véreuse, refus qui lui attira une scène de la part du directeur de la *Comédie politique*, scène au cours de laquelle celui-ci s'écria : « *Si vous ne voulez pas y aller, il faut le dire, j'en chargerai un autre.* »

Si donc il y a eu chantage ou tentative de chantage dans l'affaire H..., qu'on en fasse remonter la responsabilité à qui de droit, mais qu'on n'incrimine pas de pauvres diables d'employés qui ne pouvaient du jour au lendemain suspecter l'honnêteté de leur maître. Autant faudrait, parce que j'ai écrit quelques articles dans la *Comédie politique*, me rendre responsable de tous les articles diffamatoires parus dans ce journal. Il est parfois stupide de grossir les événements et toujours ridicule d'appeler au secours de sa haine le soleil, la lune et les étoiles. Si trop gratter cuit, trop de fiel nuit. A force de vouloir voir on finit par voir tout en noir, ce qui est le vrai moyen de ne plus rien voir du tout.

Un détail très curieux est à relever dans cette affaire. M. H..., ennuyé du bruit qui se faisait autour de son nom et des attaques virulentes de Ponet, chercha à rentrer en grâce auprès du maître-chanteur Ponet.

Voici ce que dit à ce propos le *Progrès* :

Dans les premiers temps, Ponet, qui faisait le chantage ordinaire, en avait acquis dans les derniers temps toutes les finesses. Il opérait en artiste. Or, le matin de son arrestation, il avait donné rendez-vous à M. H... pour un traité d'annonces, extorqué à la suite de lettres anonymes et autres manœuvres déloyales. Le traité était pour six mois et devait être payé d'avance, à raison de six cents francs.

M. H... s'était décidé, sur certains conseils, à *chanter* et allait payer à Ponet son lourd tribut. Quand il eut aligné sur le bureau du maître-chanteur ses pièces de vingt francs, Ponet lui dit :

— Voilà pour les annonces. Mais vous m'avez causé un dommage en publiant la lettre anonyme que vous a laissée imprudemment mon courtier. Donc vous allez me donner encore cinq cents francs, sinon je vous éreinte dans mon plus prochain numéro.

M. H... se récria et demanda à réfléchir. Il quittait Ponet à midi ; à quatre heures le maître-chanteur était sous les verroux. Bénéfice net pour le négociant, onze cents francs.

L'affaire H... eut un résultat heureux pour moi en

ce sens qu'elle m'enleva à peu près la confiance de M. Ponet. La chose mérite d'être racontée.

Le *Journal de Guignol* venait de parler de l'affaire H... et je venais de lire cet article, quand, m'adressant à M. Ponet, je lui dis :

— Savez-vous que *Guignol* vous flanque un fameux coup de trique ?...

— Vous aussi, vous allez croire à toutes ces balivernes ? Au fait, pourquoi ne passeriez-vous pas dans leur camp ? Ils sortent presque tous de chez moi ceux qui sont là-dedans. Ils vous accueilleront assez !

— Sans aller chez eux, je puis bien vous dire la pénible impression que cette lecture m'a causée.

M. Ponet ne me répondit pas, mais à partir de ce moment il fut d'une froideur extrême à mon égard. Sa confiance avait disparu. Encore une fois, merci, mon Dieu !

V

Les Mouchards de Ponet

Il y a dans les bas-fonds des grandes villes des êtres qui vivent on ne sait trop comment. Tous les métiers leur sont bons, pourvu qu'ils n'aient rien de propre. C'est de ces bas-fonds que surgissaient souvent, pour Ponet, des renseignements précieux et qui lui servaient à échafauder l'édifice de ses attaques trop souvent calomnieuses. Une pièce de quarante sous, de cent sous quelquefois était le plus souvent la récompense de ces plats services, qu'on ne lui rendait jamais, du reste, d'un seul coup, pour avoir le droit de revenir à la pâtée de la rue de la Gerbe. Ces renseignements étaient apportés le plus souvent au bureau ; quelquefois Ponet allait les recueillir à domicile.

Je me souviens l'avoir accompagné un jour chez un de ces mouchards de bas étage, bien connu dans le monde interlope de Lyon, et qui lui débita pour... cent sous toutes sortes de renseignements sur les faits et gestes du commandant X... Cet élégant chevalier... d'industrie nous reçut couché tout nu dans son lit. Ponet, en sortant de là, ne se tenait pas de joie

— Je vais donc pouvoir lui dire ma façon de penser à ce commandant, s'écriait-il.

Et le fait est qu'il y trouva matière pour remplir toute une page de son journal.

C'est le même individu qui passait des heures entières à *filer* l'avoué Charrérau dans le but de connaître s'il n'avait pas des attaches avec certaine petite feuille de la localité.

Indépendamment de ces mouchards de carrefour, il y en avait d'autres — c'est triste à dire — qui occupaient dans la société une certaine position et qui, pour obéir à je ne sais quel motif : crainte sans doute chez quelques-uns, envie de nuire et de se venger ou peut-être simplement besoin de bavarder chez quelques autres, étaient pour Ponet d'utiles auxiliaires. J'en connais plusieurs et je pourrais les nommer, quitte à voir leur position se briser comme verre. Je ne sais même pas si ce ne serait pas faire œuvre de salubrité publique que de les dévoiler. Je n'ai pas dit mon dernier mot. Je réfléchirai et peut-être qu'avant de terminer cet ouvrage je coucherai leurs noms tout au long sur ce papier (style Paulin Blanc).

Quoi qu'il en soit, je me tiens à la disposition des intéressés et particulièrement du commandant X... et de Me Charrérau. Il est quelquefois bon de connaître les reptiles qui vous bavent dessus.

L'instruction ouverte contre Ponet, dit le *Salut public*, promet d'être féconde en révélations de toutes sortes. Elles seront bien désagréables à certaines personnes — que nous sommes loin de plaindre — qui, par sentiment de haine ou de basse jalousie, ont été les collaborateurs anonymes — ils l'espéraient du moins — du journaliste.

On cite tout haut le nom de personnages en vue qui auraient fait le triste métier de délateurs en adressant au directeur de la *Comédie politique* des renseignements et des documents dans le but de satisfaire d'odieux sentiments de vengeance personnelle. Or, Ponet avait beaucoup d'ordre, il classait avec soin toutes les lettres qu'il recevait et dont, à un moment donné, il pouvait se servir contre leurs auteurs. C'est par ces lettres qu'on a appris la malpropre collaboration dont nous parlons. Il y a bien certainement dans tout ce qu'on dit beaucoup de racontars ; néanmoins, le procès qui va avoir lieu sera certainement fécond en révélations imprévues.

Et cela ne nous surprendra pas, ajoute le *Lyon républicain*, car il nous paraît impossible qu'une feuille a scandales comme la *Comédie politique* ait pu vivre pendant dix-sept ans, augmentant encore dernièrement son format, dans une ville aussi calme que la nôtre, si elle n'avait été soutenue par des gens ayant intérêt à la faire vivre.

Nous nous garderons bien de prendre la défense de M. Ponet, dont les procédés de polémique étaient une tache pour la presse ; mais nous ne pouvons nous dispenser de constater que si le directeur de la *Comédie politique* etait un *bravo* de plume, ceux qui s'adressaient à lui pour soutenir des affaires plus ou moins malpropres et pour attaquer des confrères ou des concurrents sont aussi coupables, sinon plus, que lui.

Les débats de l'affaire ne manqueront pas de faire le jour sur bien des points encore obscurs.

Et l'on doit s'y attendre, « *car dans la lutte* — c'est un principe que j'ai entendu plus d'une fois développer par Ponet — *il ne faut avoir aucune pitié. A la guerre il faut broyer les réputations, tuer les enfants, violer les femmes.* »

VI

La Rue de la Gerbe et Monplaisir — Vie d'intérieur

C'est dans la rue de la Gerbe qu'existaient naguère les bureaux de la *Comédie politique*. Je dis naguère, car un souffle vengeur a passé par là, et le vent de l'expulsion en a dispersé les débris un peu partout. Demain peut-être un négociant aunera de la toile ou de la dentelle dans ce local où se sont tramés tant de noirs complots, où la félonie a transpiré et vécu ; et, à la place de ce bureau qui a fait naître tant de larmes et reçu tant d'écus sur sa tablette, sera peut-être le lit d'une honnête ménagère qui pensera aux moyens d'améliorer le pot-au-feu, ou le berceau d'un enfant qui rêvera de petits oiseaux et de ciel bleu.

Placée au centre des affaires, pleine de solitude et d'ombre, cette rue de la Gerbe, qui semble comme un point d'interrogation jeté entre le Crédit Lyonnais et l'église Saint-Nizier, est destinée à avoir un certain retentissement lorsque les débats de l'affaire Ponet s'ouvriront.

C'est au deuxième étage du n° 6 de cette rue, en effet, que se faufilaient ces ombres mystérieuses qui allaient, pour un morceau de pain ou un verre d'absinthe, épancher dans le sein du *maître* les secrets non moins mystérieux qu'elles avaient recueillis dans les alcôves ou les brasseries à femmes de leurs quartiers. O brasserie *A la Flamande*, que d'horreurs débitées chez toi ont été répercutées rue de la Gerbe !

C'est là aussi, le samedi soir surtout, quelquefois jusqu'à une heure assez avancée, que venaient s'épancher certaines douleurs de cœurs honnêtes qui, croyant à l'honnêteté du journal, ne pouvaient voir dans celui qui le dirigeait qu'un conseil discret, dévoué et honnête lui aussi.

C'est encore là que trônait plus spécialement la mère Babolat. C'est là qu'elle opérait la vente du journal et empilait avec une satisfaction non contenue les montagnes de gros sous que lui apportaient les petits marchands, en ayant soin de charmer les loisirs de la recette par l'absorption, si c'était le matin, d'une tasse de café ; d'un léger verre d'absinthe si c'était l'après-midi.

« — N... de D...! N... de D...! que ça sent bon ici, s'écriait en entrant son frère, l'excellent B...; est-ce qu'il n'y en a pas pour moi ? »

Et lui aussi noyait alors sa face épanouie dans la verte liqueur.

On dînait généralement dans les bureaux les vendredis et samedis ; le restaurant d'en bas était chargé de ce service. Et, quand venait le soir, on allait tous en chœur prendre le tramway à la place Leviste ; ou, si une fichue rencontre était à redouter, une voiture de place reconduisait toute la smala à Monplaisir, chemin des Aliénés, n° 17.

A Monplaisir, la vie était moins agitée et les choses se passaient autrement.

L'immeuble habité par M. Ponet et sa famille, et qui est la propriété de M. P..., auquel M. Ponet a voué une haine mortelle, qui, du reste, est je crois bien partagée, ne manque pas de confort et d'agréments. La maison d'habitation est spacieuse, salubre, bien exposée et bien aérée ; les locaux surtout sont bien distribués. Une vérandah, qui au besoin ferait une serre magnifique et qui s'appuie à la salle à manger et au salon, pièces d'une vaste étendue, est la première chose qui s'offre à la vue. La cuisine est séparée de la salle à manger par une antichambre dans laquelle prend naissance l'escalier qui conduit aux appartements.

Au premier étage, le cabinet de travail du directeur de la *Comédie politique*, précédé d'une pièce antichambre splendide avec d'immenses armoires et sa chambre à coucher. De l'autre côté, la chambre de la belle-mère et des cabinets d'aisances d'un grand style avec de beaux placards.

Au deuxième étage, une chambre à gauche avec deux fenêtres (c'était la mienne); à côté, celle de M. B..., le gérant du journal ; au fond du corridor, la chambre du fils aîné, contiguë à celle de la cuisinière ; au milieu de tout cela, des chambres-greniers où se trouvaient, je crois, les fameux dossiers saisis.

Une belle cour, avec porte bâtarde et porte cochère, garnie de fort beaux platanes et d'épais massifs avec une petite terrasse ayant vue sur Montchat, précède la maison d'habitation.

Au fond de la cour, à droite, se trouvent l'écurie, la sellerie, la remise, la pompe, la citerne, les caves et les greniers avec une chambre de domestique ; à gauche, un jardin de moyenne étendue possédant de beaux arbres fruitiers, un trapèze et tout ce qu'il faut pour les premiers exercices de la jeunesse.

Voilà une habitation bien jolie. Eh bien ! une chose vous serre le cœur en y entrant. Vous y avez froid. La nudité des appartements vous effraie. Vous n'y voyez que les meubles indispensables, strictement indispensables. Pas de traces de luxe ; aucun de ces bibelots si gracieux que la main d'une femme sème partout. Il y a comme une vague terreur repandue dans l'air. On sent que la main des huissiers a passé par là et que la saisie a fait son œuvre. Ne cherchez pas des bijoux, vous n'en trouveriez pas. M. Ponet n'a pas de montre, Mme Ponet n'a pas de montre, Mme Babolat n'a pas de montre. Le fils aîné seul a une montre, et encore elle est en argent. Mme Ponet est jeune encore : elle a trente-quatre ans, je crois, et à cet âge la coquetterie n'a pas dit son dernier mot. Eh bien ! vous chercheriez en vain le moindre bijou sur elle. Pas de bracelets, pas d'épingles, pas de tour de cou. Est-ce ruine ? est-ce calcul ? Mystère !...

Le fils aîné, Adolphe — il a le même prénom que son père — possède une voix de basse superbe. Il se destine au théâtre et parle d'entrer au Conservatoire. Mais il a seize ans! Reste à savoir si le procès retentissant de son père et quelques critiques dont il s'est plu à accabler certains de ses futurs camarades, ne seront pas pour lui autant de pierres d'achoppement. Dans tous les cas, je veux lui donner deux bons conseils :

Qu'il pioche et pioche vigoureusement sa grammaire. Qu'il apprenne à parler et surtout à écrire le français. Autrefois je lui eusse dit : Hors l'Eglise pas de salut. Aujourd'hui je lui dirai : Hors de la science pas de salut..., non pas la science infuse, non pas même celle qui fait les simples bacheliers, ce serait d'avance le vouer aux malheurs de cette vie ; mais au moins la science primaire, la science la plus élémentaire, celle qui consiste à connaître ses quatre règles et à ne pas faire dix-huit fautes d'orthographe dans huit lignes.

Qu'il cesse surtout ses promenades à la musique de Bellecour. Ce n'est pas quand le père est en prison, sous le coup peut-être d'une terrible condamnation, que le fils doit faire preuve de *dandysme*. Sa place est aux côtés de sa mère, qui pleure au moins, elle !

Mais je crains bien de prêcher dans le désert. Le fils Ponet, qui était intraitable et manquait de respect même à son père ; le fils Ponet, qui l'abandonnait huit jours avant son arrestation pour courir à Valence, et cela au moment même où il pouvait avoir le plus besoin de lui, puisque la lutte battait son plein et que je venais de le quitter ; le fils Ponet, qui, par sa conduite envers sa mère, fait mentir l'observateur qui trouve l'amour filial plus tendre et plus affectueux chez les enfants dont les mères sont jeunes et belles encore ; le fils Ponet, dis-je, est trop infatué de lui-même pour comprendre mes conseils et les écouter. Après tout, c'est pour lui qu'il travaille. Il récoltera ce qu'il aura semé.

De ce que Ponet avait l'habitude de crier aux plus honorables « la bourse ou l'honneur », suivant l'expression de M. Paul Bertnay (*Courrier de Lyon* du 7 août), il ne faudrait pas en conclure que son intérieur ressemblât en quoi que ce fût à une caverne de brigands. J'ai rarement vu ménage plus uni. Pendant les deux mois que j'ai coudoyé les membres de cette famille, je n'ai jamais entendu un mot plus haut que l'autre. A part le caractère de *tous* les enfants *extraordinairement* gâtés, rien n'était à relever dans ce milieu, que j'appellerais volontiers *patriarcal*, si ce mot pouvait s'employer en parlant de Ponet.

« Petit père ! petite mère ! » telles étaient les appellations favorites dont on se servait pour désigner M. et Mme Ponet. M. Ponet était charmant chez lui ; Mme Ponet, toujours gracieuse, avait sans cesse le sourire sur les lèvres. Mme Babolat, mère de Mme Ponet, « la vieille », suivant l'expression de M. S.., était à la campagne froide et digne. Le fils aîné, jeune homme de seize ans, tout bouffi d'orgueil, prenait des airs importants, tandis que ses frère et sœur, Charles et Jeanne, s'ingéniaient à faire des niches à la cuisinière, leur ancienne nourrice, ou au petit Adolphe, fils d'une ancienne bonne de la maison, que M. Ponet avait recueilli à la mort de sa mère. Si vous mettez dans un coin de ce cadre la figure un peu mutine du père B..., frère de Mme Babolat, et bien certainement le plus inoffensif de tous les hommes, vous aurez l'intérieur tout entier de la famille à Monplaisir.

M. Ponet exerçait largement l'hospitalité, et quiconque implorait un secours était toujours bien accueilli. Le plus difficile était de parvenir jusqu'à lui, car Mme Babolat, en vraie duègne qu'elle était, prenait un singulier plaisir à évincer les solliciteurs. Sa table était mise pour tout le monde, et parmi ses ardents détracteurs d'aujourd'hui j'en connais plusieurs qui ont été bien aises de venir s'y asseoir dans les mauvais jours.

Assez de personnes jettent aujourd'hui la pierre à M. Ponet, moi-même je le critique assez vertement ; mais ce n'est pas une raison pour lui enlever les quelques mérites qu'il peut avoir. Il est toujours bon, croyez-moi, d'avoir la mémoire du cœur. Beaucoup ne l'ont pas eue. M. Ponet en était très affecté ; cet homme était malheureux : il ne croyait pas à la reconnaissance.

Le directeur de la *Comédie politique* était ce qu'on appelle communément un bûcheur. Levé le plus souvent à trois heures, il se mettait au travail jusque vers une heure de relevée. Il dînait alors, faisait ensuite un tour de jardin et, si les affaires de son journal ne l'appelaient pas à Lyon, se remettait à écrire jusqu'à l'heure du souper. Après ce repas, que suivait généralement une causerie charmante, il ne tardait pas à monter dans ses appartements : il se couchait régulièrement à dix heures.

M. Ponet a toujours été très sobre : c'est ce qui fait qu'il déteste généralement les ivrognes.

Cet homme a beaucoup lu et beaucoup écrit. Son érudition est assez vaste. Il admire beaucoup Balzac, qui est un de ses auteurs favoris.

Je ne sais quelle fatalité l'a poussé sur la pente où il vient de sombrer. Je ne lui crois pas un fond mauvais. Il a dû obéir à un entraînement quelconque, et une fois pris dans l'engrenage il n'a pas eu la force de s'en échapper. On me dirait qu'il est toqué, que je n'en serais nullement surpris. C'est peut-être ce qui lui a fait choisir sa demeure chemin des Aliénés, à quelques cents pas de l'asile de Bron.

C'est surtout en scrutant la vie de Ponet et son caractère qu'on comprend cette boutade de Victor Hugo :

> L'homme est mauvais, l'homme est difforme, l'homme est raté. Dieu a manqué cet animal-là. Une foule est un choix de laideurs. Le premier venu est un misérable.

Et celle-ci d'Alexandre Dumas :

> La nature humaine étant faible, tout homme a commis des fautes... ou des crimes.

Et cette autre de Boileau :

> Le plus sot animal, à mon avis, c'est l'homme.

VII

Le Commandant X.. — Invasion à main armée de l'Imprimerie de M. Mosset. — Destruction des Formes du Journal.

Après les accusations vraies ou fausses, — car je n'en sais rien, et le témoignage d'un mauvais drôle comme celui qui fournit les renseignements à M. Ponet ne suffit pas pour me convaincre, — après les accusations vraies ou fausses, dis-je, lancées par la *Comédie politique* contre le commandant X..., un dénoûment fatal était à prévoir, sinon à redouter.

J'avais été assez naïf pour croire à une rencontre.

— A la place du commandant X..., avais-je dit à M. Ponet, je vous provoquerais.

— Et moi je refuserais, me répondit-il. Ma vie ne m'appartient pas. J'ai des enfants.

J'aurais bien pu lui demander si l'honneur des autres lui appartenait, mais je m'abstins.

La journée du 8 juillet avait été houleuse. Divers indices avaient fait prévoir qu'il se machinait quelque chose : c'est ainsi que, dans la soirée, le sieur

D..., vers les trois ou quatre heures, s'était emparé d'un exemplaire du journal tiré seulement d'un côté et, son larcin commis, s'était enfui.

Le soir, M. Ponet agita la question de savoir si l'on passerait la nuit à l'imprimerie pour la protéger; mais devant l'insistance des dames et surtout la conviction absolue de M. Mosset, qui ne pouvait s'imaginer qu'on irait jusqu'à violer son domicile, il donna l'ordre du départ et nous rentrâmes en voiture à Monplaisir.

Vers trois heures du matin, nous fûmes réveillés en sursaut par des coups de marteau et de sonnette répétés.

Je me mis à la fenêtre et j'aperçus le garçon de bureau de la *Comédie politique* et un employé de M. Mosset. Ils venaient annoncer que l'imprimerie avait été envahie et les clichés détruits.

Mais laissons la parole au journal, car ce récit, confirmé par l'enquête de M. le commissaire de police, est absolument exact :

Il était minuit trois quarts lorsque l'imprimerie fut tout à coup envahie par trois individus, en tête desquels était le commandant X..., accompagné du sieur D..., et un troisième individu.

Un employé de M. Ponet se précipite vers eux et veut s'opposer à leur entrée. On braque sur lui un revolver, et le commandant X... s'écrie d'un ton furieux :

— La loi, c'est la loi. Vous obéirez ou l'on va faire feu !.. Le premier qui pousse un cri est mort !

En même temps, il faisait signe à l'individu resté inconnu et qui gardait la porte, de braquer son revolver.

Les employés de l'imprimerie, parmi lesquels deux enfants, étaient sous le coup de la terreur. Les deux ouvriers, n'ayant pas d'armes, étaient réduits à l'impuissance.

— Voyons, s'écria le commandant X..., en frappant avec sa canne, il me faut les pages du journal, que je les détruise !...

Un des ouvriers lui observa qu'en lui obéissant ils allaient perdre leur emploi.

— Des emplois, je vous en donnerai d'autres, dit le commandant X... Je vous donnerai de l'argent. En voulez-vous?... Voyons, les pages du journal, ou personne ne sortira vivant d'ici !... Du reste, la police est là, à la porte, qui n'attend qu'un signal pour accourir.

Cependant le revolver était toujours braqué. Les ouvriers, tenus ainsi sous le feu, durent s'exécuter. Le commandant X... se jeta furieux sur les formes du journal et, à coups de marteau, il brisa deux pages.

Cela fait, le commandant X... et D... sortirent, pendant que le troisième individu protégeait leur retraite en tenant toujours son revolver braqué sur le personnel de l'imprimerie.

Voilà le fait dans toute sa vérité.

Le *Salut public*, le seul journal qui ait parlé de cette affaire la raconte en ces termes :

Une Guerre de Peaux-Rouges

La démocratie tend à implanter chez nous des mœurs particulières qui, si elles paraissent toutes naturelles dans certaines contrées peu civilisées de l'Amérique, heurtent et choquent en France les sentiments et les habitudes de la population.

Une polémique, qui a atteint le dernier degré d'acuité, a lieu en ce moment entre deux journaux hebdomadaires de notre ville. Les polémistes en arrivent à se traiter couramment de maîtres-chanteurs, d'escrocs, de souteneurs, de voleurs, et le public, en lisant ces choses, se demande dans quelle espèce de monde on le conduit. Les journaux ne suffisant plus à écouler la bile des adversaires, voilà que la polémique se poursuit par voie d'affiches!

Les injures étaient trop fortes pour ne pas amener des violences d'un côté ou de l'autre.

Elles ont déjà commencé à se produire hier à l'imprimerie de la *Comédie politique.*

Ce journal, qui paraît le samedi matin, fait son tirage dans la nuit du vendredi au samedi. Or, quelques-uns des rédacteurs du *Guignol,* journal fondé dans le but de révéler les procédés de polémique de M. Ponet, ont été pris très vivement à partie par la *Comédie politique* et ont juré de se venger en empêchant la *Comédie politique* de paraître aujourd'hui.

Pendant toute l'après-midi, des groupes de personnes s'étaient formés devant l'imprimerie Mosset, cours de la Liberté, où s'imprime le journal, attendant le moment du tirage.

Vers les quatre heures, un des rédacteurs du *Guignol* se présenta dans les bureaux de l'imprimerie et demanda au prote de lui montrer une épreuve du numéro de la *Comédie politique.*

Avant même qu'on lui en eût donné l'autorisation, il prit un exemplaire et le parcourut. Comme c'était la première feuille, il n'y vit rien qui concernât le *Guignol.* Il partit donc. Cependant l'incident n'était pas terminé.

A une heure du matin, trois des employés de l'imprimerie étaient en train de tirer la seconde feuille de la *Comédie politique,* lorsque tout à coup ils furent interrompus par l'irruption dans l'atelier de trois personnages qui, la canne et le revolver au poing, leur demandèrent un exemplaire du journal.

Ces trois personnages étaient deux rédacteurs du *Guignol* et un officier supérieur d'un régiment de notre garnison, que nous regrettons de voir mêlé à une pareille aventure.

Un des ouvriers leur répondit que son patron n'étant pas à l'imprimerie, il ne pouvait prendre sur lui de leur en donner un exemplaire avant que le dépôt ait été effectué à la préfecture.

L'officier supérieur, qui paraissait être le chef de l'expédition, dit alors à l'un de ses acolytes :

— Mets-toi près de la porte et veille à ce que personne ne sorte avant que nous ayons fait notre exécution.

Puis, se tournant vers les ouvriers, il leur dit :

— Où sont les formes du journal ?

L'ouvrier répondit qu'il n'avait rien à lui dire et que, s'il voulait les formes, il n'avait qu'à attendre l'arrivée du patron.

L'officier ne se tint pas pour battu ; apercevant, appuyées contre le mur, les formes en question, il enjoignit à deux apprentis d'avoir à les déposer immédiatement sur le marbre. Comme ceux-ci hésitaient, il se serait tourné vers son acolyte qui se trouvait près la porte d'entrée et qui avait le revolver au poing, et lui aurait dit.

— S'ils refusent, brûle-leur la g.....

Nous nous refusons encore à croire que la fureur ait fait perdre la tête à ce point à cet officier.

Les apprentis, terrifiés, apportèrent enfin la forme.

L'officier prit alors un marteau et se mit à frapper sur cette forme, qui fut bientôt mise en pâte.

Leur exécution achevée, les trois agresseurs partirent et laissèrent les ouvriers, qui allèrent prévenir aussitôt leur patron.

M. Ponet fut avisé également de l'incident. Il prit aussitôt des mesures pour que son journal ne subît pas un retard trop considérable dans son apparition, et alla déposer une plainte contre ses agresseurs chez le commissaire de police du quartier.

On voit que, sauf quelques erreurs de détail, le récit du *Salut public* est à peu près le même que celui de la *Comédie politique*.

Et, maintenant, quelle sera la suite de cette affaire, si toutefois il y a une suite?

Traduira-t-on le commandant X.., D... et l'inconnu — qui, je crois, n'est plus un inconnu aujourd'hui — en Cour d'assises ?

Certes ! il n'est jamais bon de se faire justice soi-même, et le moyen employé par le commandant X... est regrettable à tous les points de vue.

Mais il y a aussi des circonstances avec lesquelles il faut compter, et quand on se sent attaqué et flétri par la double voie des affiches et de la presse et par qui !... alors il peut bien se faire que la colère trop longtemps maîtrisée éclate et casse les verres... quand elle ne trouve pas des reins à casser.

En dépit de cette appréciation, le commandant X... a, dans cette affaire, absolument manqué de tact. En s'en prenant directement à Ponet, il eût donné sérieusement à réfléchir aux Tricoche et Cacolet de l'avenir, et tous les honnêtes gens eussent été avec lui. Mais en pénétrant violemment, comme il l'a fait, dans l'imprimerie Mosset pour y accomplir la laide besogne que l'on sait, il s'est volontairement placé sous le coup de la loi.

Il échappera peut-être à une répression corporelle ; mais il sera certainement condamné à des dommages assez élevés envers l'honorable industriel qu'il a lésé.

Et, à mon point de vue, ce sera justice.

VIII

Affaire Charrérau — Incident Rassat

Le 8 mai dernier, sous le titre de CHANTAGE JUDICIAIRE, la *Comédie politique* publiait un article des plus violents contre un avoué de Lyon, Me Charrérau. L'article était signé : « Daniel ».

Aucune poursuite n'ayant été exercée, on pouvait croire cet article entièrement oublié, quand le 2 juillet, au soir, une double assignation vint atteindre l'ancien et le nouveau gérant de la *Comédie politique :* M. D... et M. B..., on ne sait trop pourquoi ce dernier, puisqu'il n'était pas gérant au moment de l'apparition de l'article incriminé.

Quoi qu'il en soit, l'affaire fut appelée le 13 juillet, et, à l'audience, M. D... ayant déclaré que l'auteur de l'article était un sieur Aimé Rassat, le procès fut renvoyé au mercredi suivant, 20 juillet, pour entendre M. Rassat.

Je me rendis ce jour-là au Palais en compagnie du nouveau gérant, M. B..., et, en attendant l'ouverture de l'audience, je me promenai avec le sieur ***, un de mes amis, que je venais de rencontrer.

— Voulez-vous gagner quelques cents francs ? me dit-il. Il s'agirait de vous procurer une pièce quelconque pouvant établir que c'est Rassat qui est l'auteur de l'article contre Charrérau.

Je répondis que la chose n'était pas possible, et que, le fût-elle, je ne me rendrais pas coupable d'un acte qui constituait bel et bien un abus de confiance des plus caractérisés.

— Eh bien ! n'en parlons plus, reprit-il.

Et nous nous quittâmes.

En ce moment j'aperçus M. Rassat qui se rendait à l'audience. Allant à lui, je lui dis :

— Telle proposition vient de m'être faite.

Interrogé par M. le président s'il était l'auteur de l'article incriminé :

— Je ne le suis pas, répondit-il, et Me Charrérau est si peu sûr de ce qu'il avance, qu'il vient de faire faire une tentative de corruption auprès du secrétaire de M. Ponet. Dans tous les cas je demande le renvoi de l'affaire.

Faisant droit à cette demande, le tribunal fixa au mercredi 27 juillet le débat sur le fond et les incidents de ce procès.

Je rentrai au bureau, accompagné de M. Rassat, qui se retira dans la pièce voisine pour conférer avec M. Ponet. Il était trois heures, et je n'avais pas encore mangé. Comme j'étais en train de dîner, Ponet ouvrit la porte de son cabinet, et, m'interpellant :

— Ainsi, on vous a fait cette proposition ?

— Oui.

— Qui?

— Je n'ai pas à vous le dire.

Et, me levant, j'ajoutai :

— Et je ne vous le dirai pas. Je crois avoir fait mon devoir en vous prévenant d'un piège qui vous menace si vous avez à le redouter, car vous avez d'autres employés autour de vous, et ce que l'un n'a pas cru devoir faire, un autre pourrait l'exécuter.

— Il n'y a que vous et B... qui m'approchez; suspecteriez-vous mon oncle, par hasard?

— Je ne suspecte personne, puisque vous me donnez clairement à entendre que votre dépôt de pièces se trouve à Monplaisir, où en effet B... et moi avons seuls accès; mais ceci m'importe peu et je n'ai pas à vous faire connaître la personne qui s'est confiée à moi.

— Est-ce là tout le dévoûment que vous avez pour moi? Comment, j'ai un procès avec un ennemi, vous pouvez mettre tous les atouts dans mon jeu et vous hésitez!... Mais votre conscience...

— Ma conscience n'a pas de ces élasticités-là. Je n'hésite pas, puisque je refuse.

— Mais je vais porter plainte contre Charrérau; vous serez appelé en témoignage et vous serez bien forcé de désigner cette personne que vous ne voulez pas me faire connaître.

— Aucun magistrat ne pourra me faire dire ce que je ne veux pas faire connaître.

— Puisqu'il en est ainsi, vous ne faites plus partie du journal.

— Soit!

Et je sortis.

Mais, remontant presque aussitôt :

— Avant de m'en aller, il serait bon de me régler.

— Quels services avez-vous rendus au journal?

— Je l'ignore. Ce que je sais, c'est qu'il y a sept semaines que je suis chez vous, me levant à six heures, me couchant à minuit, vous accompagnant partout ; ce que je sais, c'est que vous avez inséré sept ou huit de mes articles, qui représentent neuf cents lignes. Combien payez-vous la ligne à vos rédacteurs ordinaires ? Ce que je sais encore, c'est que vous aviez promis de me fixer un chiffre d'appointements et que vous ne l'avez pas fait ; c'est qu'il y a sur ma table une lettre à ce sujet qui vous était destinée.

— Eh bien ! je vous donne cent francs par mois.

— Merveilleux !

— Et je vous retiens cent francs par mois pour votre pension et votre logement à la maison.

— De mieux en mieux ! Dans ces conditions-là, il n'est pas nécessaire de discuter. Au revoir, monsieur !

. . . .

Une heure après, j'étais à Monplaisir pour y prendre mes hardes. Mme Babolat avait suivi le tramway en voiture ; elle ne tarda pas à faire son entrée.

— Il n'est pas nécessaire, me dit-elle, que vous nous quittiez tout de suite. Vous pouvez bien rester jusqu'à ce que vous vous soyez trouvé un autre emploi.

— J'attendrai donc jusqu'à samedi, puisque la bonne m'assure que c'est ce jour-là seulement que la blanchisseuse doit rapporter mon linge.

Le lendemain, M. Ponet me fit appeler et me dit que sa femme avait réduit à quatre-vingts francs le chiffre de ma pension, et il me répéta ce que sa belle-mère m'avait dit la veille.

Je ne répondis rien et me retirai.

Le soir, au lieu de faire une partie de cartes avec ces dames, comme c'était notre habitude, je pris ma canne et mon chapeau... et le chemin de fer, pour aller confier à un ami la position qui venait de m'être faite.

Je rentrai le lendemain à Monplaisir, vers les neuf heures du matin. M. Ponet était déjà à l'imprimerie. Je me confinai dans ma chambre.

Le souper fut glacial ; mais je taillai un cinq-cents avec ces dames jusqu'à minuit.

J'avais causé dans la soirée avec le fils Ponet. Il était persuadé, m'avait-il dit, que son père ne me laisserait pas partir. Il ne le comprenait pas, avait-il ajouté ; il avait toujours donné cent cinquante francs à ses secrétaires, et il ne voyait pas pourquoi il ne m'en donnait que cent. Sa mère arrangerait tout cela, etc., etc.

Le fait est que je me trouvais assez ennuyé.

IX

Comment je suis sorti de la *Comédie politique*. — Revolver et coups de canne. — On devrait éviter de parler de corde dans la maison d'un pendu.

Le samedi 23 juillet, j'avais quelques roses à acheter et à envoyer par la poste pour souhaiter une fête. Je descendis à Lyon et, mon carton expédié, je montai au bureau pour y lire le journal et peut-être aussi pour faire mes adieux à la famille Ponet, qui se trouvait au grand complet, ce jour-là, rue de la Gerbe.

M. Ponet était adossé contre la fenêtre du fond, sombre, rêveur. Les voiles de l'avenir se soulevaient-ils devant ses yeux? méditait-il sur la condamnation récente que le parquet de Montbrison venait de prononcer contre son confrère Chavelloux, du journal le *Gaga?* Dame! trois ans de prison pour chantage... c'est à donner la chair de poule à ceux qui ont de ces méfaits sur l'estomac, et, s'il faut en croire certaine feuille, Ponet en aurait un assez grand nombre à son actif. Il y aurait en effet, alors, bien de quoi être sombre, bien de quoi être rêveur.

Ces dames, selon leur habitude, préparaient le service des abonnements. Il y avait au bureau sept ou huit personnes. Je m'assis à une table et m'enfonçai dans la lecture du journal.

Arrivé à l'article *Le Procès Charrérau :*

— De quel droit, dis-je à M. Ponet, sans me consulter, vous permettez-vous d'insérer mon nom dans votre journal et de le tronquer? Croyez-vous, car il faut bien un peu tenir compte de toutes les horreurs qui se débitent depuis quelques jours autour de votre nom, que je sois bien aise que toute la ville apprenne que j'ai été votre employé, moi qui commence à craindre que mon court passage à la *Comédie politique* ne soit pour moi une source de difficultés et d'embarras?...

— Seriez-vous venu ici dans l'intention de m'insulter et de me menacer?

— Je n'ai personne à insulter ici, et encore moins à menacer. C'est un privilège que je vous laisse. Ce n'est pas que les éléments me manquent, et si j'étais aussi méchant que vous je pourrais raconter dans certain journal certaines histoires de Monplaisir qui pourraient très bien ne pas vous faire plaisir. Mais brisons là et payez-moi.

Alors, au paroxysme de la fureur, dansant sur place, sautant, écumant, Ponet s'écria, en s'adressant à un de ses courtiers :

— M. N...., allez me chercher la police !

M. N...., en fait de police, alla s'ingurgiter une

absinthe au comptoir voisin en attendant la fin des événements.

Cependant Ponet, de plus en plus furieux, ouvrait son paletot, faisant mine de prendre son revolver et criant :

— Je vais vous tuer !

— Tirez donc, affreux lâche ! lui répondis-je en lui présentant ma poitrine et en écartant mon gilet.

Et Ponet écumait !

Et les femmes hurlaient !

Et B..... regardait !

Et — chose inconcevable — M. N.... ne revenait pas !

Alors la confusion fut à son comble. Brandissant sa canne, Ponet cherchait à m'en frapper, mais ne parvenait qu'à secouer la poussière des robes de sa femme et de sa belle-mère. Je reçus pourtant un léger coup au coude. Mais de guerre lasse, toute cette grande colère tomba, et moi qui étais resté uniquement pour attendre l'arrivée des sergents de ville, je me retirai, décidé à les attendre au coin de la rue de la Gerbe, où je demeurai en effet planté pendant une dizaine de minutes.

Et la police ne venait pas !

Et je restais toujours !

Et Ponet, qui me guettait de sa fenêtre, croyait que je l'attendais pour lui faire une scène dans la rue !

Pauvre homme ! Mais il est probable que si telle eût été mon intention, la police, qui flairait déjà en vous une proie, eût avancé d'une semaine votre arrestation. Vous eussiez été bel et bien happé au collet et maintenu comme vous l'avez été huit jours plus tard, jour pour jour, heure pour heure.

De ce que je ne vous ai pas rossé ce samedi-là, en pleine rue, comme c'était mon droit après vos ridicules tentatives de coups de canne et de coups de revolver, vous me devez une semaine de liberté. Comment l'avez-vous employée?

Cette audace d'un coquin qui a constamment à la bouche les mots de police me rappelle une anecdote sur Ponet racontée depuis par le *Progrès*, je crois, et qui ne manque pas de sel.

Comme on venait de remettre à Ponet une somme de 25,000 francs, fruit d'un de ses traités de chantage, quelqu'un lui fit observer que la somme versée devait avoir été plus considérable, et que la différence avait dû être gardée par la personne chargée de la recevoir.

— Si je le savais, s'écria Ponet, *je l'enverrais en police correctionnelle!*

Tant il est vrai que c'est celui qui a le plus besoin de l'éviter qui invoque sans cesse la police.

X

Arrestation de M. Ponet
Le Petit-Parquet — Les Perquisitions

Le 27 juillet je me trouvais au Palais. Je tenais à suivre les débats de l'affaire Charrérau-Rassat, mon nom devant y être prononcé et mon témoignage peut-être invoqué. Il y avait foule au Tribunal. Dans la cour se promenaient ensemble MM. Ponet, Rassat, B... et Paccaud. De ce groupe M. B... seul est libre. La salle était houleuse. On y remarquait la rédaction du *Journal de Guignol* au grand complet. Presque tous ces gens-là avaient fait autrefois partie de la *Comédie politique* à des titres divers, et plusieurs étaient cités à la requête de l'avoué Charrérau.

L'affaire ne fut appelée que vers les quatre heures; elle occupa l'audience jusqu'à six heures et demie et fut renvoyée au jeudi 4 août pour le prononcé des jugements sur le sursis et sur l'exception d'incompétence sollicités par MM. Ponet et Rassat.

Le vendredi 29, je fus mandé à l'imprimerie par

M. Ponet, que je trouvai avec M. Paccaud, qui avait été son messager auprès de moi et qui venait de me remettre une gratification de la part du directeur de la *Comédie politique*, ou, pour employer l'expression dont il s'était servi, *de la part d'un confrère à un confrère malheureux*. Il m'avait informé en même temps que mes effets me seraient renvoyés le lendemain par la voiture de Bron, car il avait jusque-là, je ne sais pour quel motif, refusé de me les remettre.

M. Ponet regrettait la scène du 23 ; il en avait été fort affecté ; il avait bien des choses à me dire, mais il était souffrant et il me priait de l'excuser s'il était obligé d'interrompre cet entretien, qu'il reprendrait volontiers le lendemain si je voulais aller le voir au bureau, et, puisque j'habitais le quartier, il me priait de donner de temps en temps un coup d'œil au tirage du journal, etc., etc.

Mme Ponet étant survenue en ce moment, il me quitta et monta en voiture pour se rendre à Monplaisir.

Je passai la nuit à l'imprimerie, devant assister M. N..., qui m'en avait prié, dans la vente du journal.

Nous commençâmes la vente du journal à trois heures et demie du matin, sur la place de la République, ainsi qu'on avait coutume de le faire chaque samedi. Un des imprimeurs de M. Mosset s'était adjoint à nous.

A cinq heures trois quarts, l'ouvrier imprimeur, ayant à remettre quelques numéros du journal à une marchande de la rue du Palais-Grillet, fut accosté par M. P..., ex-garçon de bureau de la *Comédie politique*, qui lui dit : « M. Ponet m'a traité de voleur en plein Tribunal. Il saura ce que ça lui coûtera. On ne se bat pas dans ma famille à coups de plume, mais à coups de poing. » L'imprimeur nous rapporta ce propos à son retour ; mais j'ignore si M. Ponet en a eu connaissance.

Je me présentai à deux heures et demie, rue de la Gerbe. M. Ponet y était. Il me reçut immédiatement. Il m'assura qu'il me garderait volontiers, mais que je m'étais aliéné l'esprit de ces dames en parlant comme je l'avais fait de Monplaisir.

— Faites-moi des articles, me dit-il, je vous les prendrai.

Et, finalement, je le quittai. Il était juste *trois* heures.

Or, à *trois heures et demie* il était arrêté. Pourquoi ? Que s'était-il passé ?

Mais laissons la parole au *Lyon républicain* :

M. Ponet, directeur de la *Comédie politique*, s'est rendu hier coupable, non-seulement d'un délit, mais aussi d'un crime de lèse-galanterie.

En parlant d'un procès à lui intenté par Me Charrérau, avoué, M. Ponet avait traité de voleur un des ses anciens employés, M. P....., et avait inséré dans la *Comédie politique* :

« Celui-ci semble diriger une compagnie de témoins assignés à la requête de Me Charrérau et parmi lesquels se trouvent deux anciens garçons de peine de la *Comédie politique*, le sieur P....., renvoyé du journal pour vol, et le sieur J..... B....., qui, acheté sans doute, quitta samedi passé son service, à deux heures du matin, sans prévenir, comptant faire ainsi manquer la vente du journal. »

Hier, Mme P..... et une de ses amies rencontraient vers trois heures et quart M. Ponet, à l'angle de la rue de la Gerbe et de la rue Gentil.

Elle s'avança vers lui et lui fit de vifs reproches sur les calomnies à l'égard de son mari.

Ponet, ennuyé, s'écria :

— Vous n'êtes qu'une sale femme, laissez-moi.

Et, joignant l'acte à la parole, il frappa la femme à coups de canne.

Si rapide qu'eût été cette scène, elle avait attiré déjà la foule. Ponet était entouré.

Devant le groupe qui grossissait sans cesse, il chercha à se réfugier dans un magasin voisin.

— C'est Ponet ! criait-on.

Le négociant, à ce nom, ferma vivement sa porte et refusa de le recevoir.

M. Ponet fut pris par les gardiens de la paix et emmené au bureau de police de la rue de la Bourse.

Après un interrogatoire de M. Pohu, commissaire, il a été écroué pour coups et blessures.

Ajoutons qu'un revolver a été saisi, mais nous ignorons si M. Ponet a cherché à faire usage de cette arme.

Voici, d'un autre côté, comment la *Comédie politique* raconte l'arrestation de son directeur :

« M. Ponet était devenu un gêneur.

. . . .

« Il fallait à tout prix en finir avec l'horrible gêneur.

. . . . .

« Samedi dernier, vers trois heures et demie de l'après-midi, M. Ponet sortait de ses bureaux, 6, rue de la Gerbe. Il se dirigeait vers la rue de la République, en passant par la rue Gentil.

« Tout à coup il fut assailli par trois femmes qui se tenaient embusquées depuis une heure dans un renfoncement de porte, et qui se ruèrent sur lui. En un clin d'œil, M. Ponet fut griffé au visage, battu, rossé.

« Surpris par l'attaque, hésitant à la vue de femmes, M. Ponet reprit bientôt son sang-froid. Il riposta à l'agression brutale et peu... chevaleresque dont il était l'objet par des coups de poing. Très vraisemblablement aussi, il endommagea un ou deux chignons. Il aurait été un imbécile d'attendre que ces dames lui eussent jeté à la figure le philtre à la mode du jour : un flacon de vitriol !

« Les passants intervinrent.

. . . .

« Assaillantes et assailli, griffées et déchignonnées, furent conduits par-devant le commissaire de police.

. . . .

« Le directeur de la *Comédie politique* a été retenu sous la prévention de coups, blessures et menaces. »

Ces deux versions, quant à la rixe, sont, comme on le voit, un peu différentes, et je pourrais en opposer une troisième, celle d'une dame que je connais, qui habite en face du théâtre de la scène et qui avait non-seulement observé les femmes qui faisaient le guet, mais assisté de sa fenêtre à la lutte, version qui se rapprocherait sensiblement de celle de la *Comédie politique ;* mais à quoi bon? puisque cette lutte, comme eût dit Mme de Sévigné, était préparée de toute éternité, ou, comme semble le faire remarquer le *Courrier de Lyon*, entrait tout simplement dans les vues de M. le Procureur de la République Bloch :

« Résolument il a poussé à la bête, et une fois la bête capturée, il a vu avec étonnement que rien ne serait plus facile à accomplir que sa besogne d'assainissement, — de désinfection publique. »

Quoi qu'il en soit et de quelque côté qu'il vienne, ce guet-apens — car c'en est un — a été habilement conduit. Les hommes n'ont pas paru : ils ne pouvaient être intéressants ; mais les femmes ont été mises en avant. Le beau sexe a toujours raison. Un proverbe arabe a dit : « Il ne faut pas battre une femme, même avec une fleur. » C'est pour avoir oublié ce précepte, s'être servi de sa canne et avoir peut-être exhibé son fameux revolver, que Ponet est tombé dans le piège qu'on lui tendait.

Si je m'étais trouvé à ses côtés, l'affaire pouvait changer de face. Je l'aurais certainement empêché de battre des femmes. J'aurais pu être griffé en son lieu et place, mais j'aurais maintenu ces dames et supplié Ponet de rentrer dans ses bureaux, ce qu'il se fût empressé de faire. Mais son arrestation étant décrétée de par le ciel et la terre, il eût été appelé pour fournir des renseignements sur l'affaire, et maintenu quand même. Il fallait un prétexte ou un semblant de prétexte. On a trouvé le prétexte, on en a profité et on a bien fait.

Tous les journaux sont à peu près d'accord sur ce point.

On vient de voir l'appréciation du *Courrier de Lyon*.

Voici celle du *Salut public* :

Des agents qui se trouvaient là, *comme par hasard*, mirent la main sur tous les belligérants et les conduisirent au poste. Là, après des explications fournies de part et d'autre, les femmes furent relaxées et Ponet écroué à la disposition du Parquet.

Cette affaire de coups et blessures paraît avoir servi de

prologue à une affaire beaucoup plus grave et plus scandaleuse.

J'ignorais l'arrestation du directeur de la *Comédie politique*. Ce n'est que le lendemain dimanche qu'un ami me l'apprit vers les dix heures du matin.

Comme je ne connaissais encore rien de la vie de Ponet, de ses faiblesses, de ses fautes et de ses crimes, mon cœur fut saisi d'une immense pitié et, oubliant les vilenies de ces dames, je courus à Monplaisir.

J'adressai même les lignes suivantes à M. Ponet :

Vous êtes tombé. Plus que jamais je veux vous être dévoué. Je vais me mettre à la disposition de ces dames.

J'ignore jusqu'ici si cette lettre lui a été remise.

Le lundi je me rendis au Petit-Parquet, accompagné d'un ami, pour savoir si M. Ponet serait maintenu en état d'arrestation ou relâché.

Je trouvai là le négociant de la rue de la Gerbe qui avait refusé l'accès de son magasin à M. Ponet au moment de la rixe. Il conférait avec le sieur Vivien.

Le négociant ayant été appelé pour faire sa déposition, Vivien le suivit. Croyant l'accès du Petit-Parquet libre à tout le monde, j'y entrai à mon tour, suivi de mon ami. Un gardien de la paix vint à nous et nous demanda ce que nous voulions.

— Connaître l'issue de l'affaire Ponet, répondis-je.

Vivien, alors, se précipita vers l'agent et lui dit :

— Faites-les sortir, ils ne sont pas témoins.

Qu'en savait-il ? L'était-il, lui ? Dans tous les cas, de quel droit venait-il donner des ordres à un gardien de la paix ? Etait-ce en qualité d'ancien commissaire de police révoqué ?

Que diable Vivien pouvait-il bien faire là (*) ?

Le Petit-Parquet maintint Ponet en état d'arrestation. Il fut écroué le soir à Saint-Paul. Une voiture particulière l'y conduisit. Sa femme et un gendarme se trouvaient avec lui dans la voiture.

Le lendemain je crois, je me trouvais au bureau, occupé à lire les journaux, lorsque Mme Ponet entra accompagnée de M. le commissaire aux délégations judiciaires et d'un agent de la sûreté. Ces messieurs venaient continuer une perquisition qu'ils venaient d'opérer à Monplaisir. Ils ne trouvèrent rien dans les bureaux et se retirèrent.

Mme Ponet nous dit alors :

— Ils viennent de Monplaisir, mais ils n'ont rien trouvé.

Mme Ponet n'était pas obligée de tout nous dire.

Dans son dernier numéro, la *Comédie politique* imprima ceci :

(*) Décidément, ce Vivien est beaucoup trop encombrant. Aujourd'hui encore, 15 septembre, je l'ai aperçu place Sathonay, sortant du tribunal de simple police, en compagnie des sieurs T..., D... et B..., où il venait d'assister à la minuscule affaire de la place de la République. Jacquard, sur son piédestal, n'était rien à côté de ce « majestueux » monsieur à favoris qui se permettait de gourmander assez vertement ce pauvre D... sur la déposition qu'il venait de faire.

— En voilà quatre, ai-je entendu dire à un passant, et ce passant s'adressait à un gardien de la paix, à qui on ne devrait pas permettre d'user les pavés de Lyon.

Mardi, dans la matinée, plusieurs agents du service de la sûreté se sont rendus au domicile de M. Ponet, à Monplaisir, et ont fouillé tous ses tiroirs. Ils ont emporté quelques bribes de dossiers.

La *Comédie politique* n'était pas obligée de tout dire à ses lecteurs.

Quelques journaux ont parlé de montagnes de dossiers. C'est ce que j'ignore.

Ces perquisitions, dit le *Lyon républicain*, ont amené la saisie d'une série de documents d'une grande importance.

Il y avait là une véritable pile de dossiers étiquetés, compulsés avec soin et renfermant des lettres et des pièces compromettantes.

L'affaire aurait donc, par suite de cette saisie, une importance exceptionnelle et amènerait une série de révélations scandaleuses.

On parle même de la découverte de documents fournis par certains personnages en vue de notre ville, qui se seraient servis de la *Comédie politique* comme d'un instrument avec lequel ils satisfaisaient leurs petites rancunes ou leur jalousie.....

L'affaire pourrait bien prendre des proportions plus graves qu'on ne le suppose généralement.

L'avenir, qui n'est pas loin, nous édifiera sur ce point.

Car, juste retour des choses d'ici-bas, Ponet, qui menaçait la magistrature lyonnaise de la déshabiller, de la démasquer et de la mettre à nu, va se trouver déshabillé, démasqué et mis à nu par cette même magistrature lyonnaise.

XI

Arrestation de MM. Paulin Blanc, Aimé Rassat, Paccaud, Généraux, Roche de la Tour et J.-E. Albert.

Le vendredi 5 août, à la suite, dit-on, des perquisitions opérées à Monplaisir, dans les appartements de M. Ponet, MM. Paulin Blanc et Aimé Rassat étaient arrêtés, à cinq heures du matin, dans leur domicile respectif, rue de l'Hôtel-de-Ville et rue Puits-Gaillot, sous la même inculpation de chantage qui pesait déjà sur leur ami et maître. Ce n'est même que grâce au mariage de son fils aîné, accompli la veille, que M. Blanc avait dû de n'être pas arrêté plus tôt. On avait voulu garder les convenances jusqu'au bout et ne pas troubler l'union qui allait se faire. Mais quel réveil pour les jeunes époux, quand ils auront appris l'arrestation de leur père! Et M. Paulin Blanc a encore sept autres enfants!... On le dit l'auteur du feuilleton intitulé *Pasqualine*, que la *Comédie politique* avait commencé à publier, et pour la non publication duquel une forte somme aurait été demandée.

M. Rassat serait compromis dans une affaire de chantage au préjudice du greffier d'une des justices de paix de Lyon. On le dit de plus l'auteur de tous ou presque tous les articles publiés dans la *Comédie politique* contre les avoués et les huissiers de notre ville — ce que j'ignore ; — mais M. Ponet le reconnaît « comme étant celui qui dirige les affaires litigieuses de son journal et qui a fait rendre gorge à pas mal d'hommes d'affaires voleurs et prévaricateurs ».

Le *Lyon républicain*, dans un article assez fantaisiste du reste, nous montre M. Paulin Blanc, qui a été autrefois chef d'institution et conseiller municipal à Grenoble, comme « un publiciste qui a fait paraître des brochures, des romans, spéciaux il est vrai, et dans un but absolument étranger au développement de la littérature, mais dont les facultés intellectuelles auraient pu tout aussi bien produire des ouvrages dignes d'un homme de lettres consciencieux ».

Le même journal, parlant de M. Aimé Rassat, l'appelle « un ancien basochien qui fit marcher pendant longtemps une des premières études d'avoué de Lyon », celle de Me Chaine. M. Rassat a tellement la réputation d'un *malin*, à Lyon, que chacun s'étonne de le voir compromis dans une affaire aussi grave que celle de Ponet.

Jusqu'à présent, dit le *Progrès*, dix-huit chantages, bien caractérisés, ont été relevés contre Ponet ou ses complices, Paulin Blanc et Rassat. Les détails des opérations tentées par les maîtres-chanteurs sont incroyables d'audace. Ils usaient de tous les moyens pour arriver à leur but.

Citons quelques échantillons :

Le feuilleton *Pasqualine*, que publiait dernièrement la *Comédie politique*, avait trait à la vie de la femme d'un grand industriel de l'Isère. Ponet, ou plutôt Paulin Blanc, qui avait, à la *Comédie*, la spécialité du feuilleton, exigea de la famille de cette dame, pour cesser la publication du feuilleton, une somme de 50,000 francs. Plus tard, il abaissait le chiffre à 40,000 francs.

Un des parents se décida à entrer en pourparlers avec Ponet. Il fut convenu que la famille verserait 12 000 francs payables comme suit : 5,000 francs le 10 mai, 5,000 francs le 10 juin et le reste dans le courant du mois d'août. Le feuilleton cesserait dès le premier versement, mais serait repris si la famille ne payait pas aux échéances.

Une autre fois, sachant qu'un notaire de Lyon avait été heureux au jeu, Ponet alla le trouver et le menaçait de publier contre lui un dossier terrible s'il ne lui donnait pas le quart de son gain. Pour éviter tout scandale, le notaire versa entre les mains de Ponet la somme de 3,000 francs.

Peu après, se servant d'une lettre de dénonciation qui lui avait été écrite sur certaines personnalités de la Loire, il menaçait son auteur de la publier s'il ne lui remettait pas 3,000 francs. L'auteur s'exécuta. Mais Ponet en avait fait photograver le texte et réclama à nouveau 3,000 francs contre l'échange de cette copie.

Tous les jours arrivent des témoignages nombreux et écrasants. Hier et avant-hier on n'a pas entendu moins de quarante-cinq témoins, qui tous ont été victimes de la bande savamment organisée par Ponet. Toutes ces personnes apportent des preuves du délit qui ne laissent plus subsister aucun doute sur la culpabilité des gredins qui avaient élevé le chantage à la hauteur d'une institution. Si cette affaire n'avait des côtés aussi graves, on pourrait faire une comédie avec les moyens employés par le chef de la bande et certains personnages fortement compromis.

Ponet a déjà subi plusieurs interrogatoires. Il se dit libre de faire payer les lignes d'annonce dans son journal au taux qui lui convient, et invoque le chiffre relativement élevé de certains journaux boulevardiers de Paris On le laisse dire, lui laissant ignorer qu'on a les dépositions de ceux qui se turent si longtemps parce qu'ils le redoutaient.

Pour ceux dont il ne pouvait cacher le chantage sous la raison de l'annonce, il invoque le dommage que lui causait la suppression d'articles à sensation et à scandale qui auraient amené une vente importante de la feuille ordurière.

Comme nous l'avons dit, Paulin Blanc était le romancier habituel, c'est lui qui a partagé avec Ponet l'argent des familles visées. Il est vrai de dire que celui-ci se faisait toujours la part du lion.

C'est ainsi que quelques-uns des individus de cette bande, après avoir levé le lièvre, l'avoir poursuivi et tué, ne touchaient qu'une faible prime. C'était les trente deniers des Judas.

On dit, ajoute le *Salut public*, que M. Rassat aurait déclaré être l'auteur de l'article publié dans le journal de M. Ponet contre Me Charrérau, avoué, lequel a motivé la poursuite en police correctionnelle dirigée contre lui et le directeur de la *Comédie politique*.

C'est le 11 août, entre huit et neuf heures du soir, que fut opérée l'arrestation de M. Paccaud, étudiant en médecine, non amateur, mais parfaitement inscrit à la Faculté. Je me rendais précisément chez lui lorsque je rencontrai, à dix pas de sa demeure, le fils Ponet qui me dit :

— Paccaud ? mais on est en train de l'arrêter. J'étais chez lui quand les agents ont sonné ; on perquisitionne chez lui en ce moment. Tenez, voilà sa maîtresse sur ce banc et voilà deux agents du service de la sûreté qui attendent sur le trottoir.

C'était vrai, car au même moment je vis descendre Paccaud au milieu de deux agents, dont l'un était M. Ramondenc, chef de la sûreté. Les deux qui faisaient faction se joignirent à eux et bientôt le groupe disparut dans les profondeurs du cours de la Liberté. Je ne sais ce qu'a pu faire ce malheureux jeune homme. Il était, il est vrai, un des favoris de M. Ponet, qui lui avait confié une partie de l'éducation de son fils ; mais de là à avoir coopéré sciemment et activement à l'œuvre du père il y a peut-être bien du chemin. Tant mieux s'il ne l'a pas parcouru. Ce n'est pas à cet âge-là qu'on peut avoir le cœur cuirassé de corruption. Il a pu être entraîné à quelques écarts de plume, puisque, paraît-il, dans les dossiers saisis, on a reconnu son écriture. Quoi qu'il en soit, j'espère que la justice aura pitié de sa jeunesse et des angoisses de sa vieille mère.

Le *Nouvelliste* rapporte en ces termes cette arrestation :

Hier, en vertu d'un mandat d'amener décerné par M. Vial, juge d'instruction, M. Ramondenc, chef de la sûreté, a procédé à l'arrestation du sieur Paccaud, étudiant en médecine, sous l'inculpation de chantage et comme complice de Ponet.

Paccaud a été arrêté à son domicile, et une perquisition aussitôt faite dans son appartement a amené la saisie de documents compromettants.

Cet individu était, dit-on, le précepteur du fils Ponet et collaborait activement à la *Comédie politique*. Voilà qui porte à quatre le nombre des arrestations, et l'on assure que celle de Paccaud ne sera pas la dernière.

Quelques jours après fut opérée l'arrestation de

M. Généraux, ancien employé de la *Comédie politique*, qui l'avait fustigé de la belle façon dans un de ses derniers numéros. Mais comme il a été relâché depuis et que je ne le connais pas du tout, je m'abstiendrai d'en parler, car, comme je l'ai déjà dit, je ne veux épouser les querelles de personne. Je raconte, mais je n'invente rien.

S'il y a des côtés sombres dans l'affaire Ponet, je suis certain que la justice saura y porter son flambeau, comme je suis sûr aussi qu'elle saura faire la part de chacun, et cela sans haine et sans crainte.

L'affaire Ponet, dit le *Lyon républicain*, a eu son écho à Paris. Des agents, agissant en vertu d'instructions venues de Lyon, ont fait arrêter dans cette ville un complice du maître-chanteur. Le sieur La... La... a été dirigé sur Lyon et écroué à la prison Saint-Paul.

On recherche activement à Paris un sieur P..., qui a été longtemps collaborateur de la *Comédie politique*.

P... a jugé prudent de disparaître et de mettre la frontière entre lui et la justice française.

Le nombre des personnes arrêtées monte déjà à un chiffre respectable et fait prévoir que le procès sera fécond en révélations. Mais que de gens compromis qui ne doivent pas être sur un lit de roses !

Ponet, dans une lettre qu'il vient d'adresser au juge, se déclare vaincu.

« Je courbe la tête, dit-il, je renonce à la lutte ! La coalition de mes ennemis triomphe de moi.

« Je ne me rendrai pas devant le tribunal ; je ne dirai rien, et il faudra qu'on m'arrache de force de ma prison. »

Le *Progrès* assure qu'il n'y a pas eu de nouvelles arrestations, non pas qu'il n'y ait pas d'autres coupables, le parquet n'ayant qu'à choisir dans le tas ; mais, avant d'arrêter les complices du maître-chanteur, il tient à avoir des preuves indiscutables de leur culpabilité.

Ponet est toujours au secret. Il ne sort de prison que pour être interrogé par les magistrats chargés de l'instruction. Il a perdu de cette crânerie dont il faisait autrefois parade. Il est triste et abattu, et ne retrouve un peu de son énergie que pour exhaler sa rage contre ceux qui l'ont fait connaître, et pour déclarer tout haut qu'il veut à tout prix faire du scandale.

Au moment de clore ce chapitre, le *Courrier de Lyon* nous apprend une nouvelle arrestation, celle d'un sieur Albert, ancien imprimeur de la *Comédie politique*, qui, paraît-il, serait gravement compromis dans un acte de chantage reproché à Ponet.(*) On voit que l'affaire se corse de plus en plus et ne tend à rien moins qu'à prendre des proportions effrayantes. Hâtons-nous de dire qu'il ne s'agit pas de M. H. Albert, ancien imprimeur à la Guillotière, mais bien du sieur J.-E. Albert, ex-directeur de l'imprimerie catholique de la rue de Condé.

(*) D'après le *Progrès*, il s'agirait « du roman de *Pasqualine*, dans lequel une dame X..., de Vienne, était visée, et dont la publication a cessé depuis l'arrestation des coquins que l'on sait ».

XII

La Chute du Journal

Il était dit que jusqu'au dernier moment j'assisterais ou me trouverais mêlé à tous les événements de quelque importance qui se passaient depuis quelque temps.

J'étais au bureau avec M. N... et nous causions de l'arrestation de Paccaud, opérée la veille, quand le gérant du journal, M. B..., fit son entrée et nous dit qu'il venait de l'imprimerie, où l'on n'avait pas du tout l'air de s'occuper du tirage du journal.

— Il fallait en demander la raison à M. Mosset.

— Je ne sais pas où il demeure.

— Il fallait demander son adresse à l'un de ses employés.

Ce colloque échangé, je sortis avec M. N... pour aller à la recherche de M. Mosset.

Arrivés sur le quai de la Guillotière, nous rencontrâmes M. Mazier, contre-maître de l'imprimerie, qui nous dit :

— Messieurs, j'allais chez vous. J'ai une pénible

mission à remplir. M. Mosset a été appelé hier soir au Parquet, à propos de votre journal. Il est parti ce matin en voyage ; mais il m'a laissé ses instructions, et les voici : « Ne tirez pas le journal avant d'avoir été payé de ce qui m'est dû ».

Puis il ajouta :

— Voici, messieurs, la facture ; je vous la confie ; elle est de 477 fr. Veuillez m'obliger en la remettant vous-mêmes à Mme Ponet (*).

Quoi qu'il en soit et comme il n'y avait pas à discuter après le discours du représentant de M. Mosset, nous prîmes le tramway et nous nous rendîmes à Monplaisir.

C'est Mme Babolat qui nous reçut. En deux mots nous la mîmes au courant de ce qui se passait. Elle alla communiquer la nouvelle à sa fille.

Mme Ponet vint alors à nous et, fondant en larmes, nous dit :

— Ils ont donc enfin réussi !

— Il ne s'agit pas de pleurer, répondis-je, mais de chercher les fonds nécessaires. Vous avez quelques relations, cinq cents francs peuvent se trouver.

— Vous savez bien que dans le malheur on n'a pas d'amis.

(*) Le fait est que M. Mosset, mis par le Parquet au courant des vilenies de la *Comédie politique*, ne voulait pas mettre plus longtemps ses presses au service d'une telle œuvre et qu'il cessait immédiatement l'impression du numéro du 14 août. Le fils Ponet en fut averti par le contre-maître de l'imprimerie et dit le lendemain à sa mère, en ma présence : « Même en payant, le journal n'eût pas paru ; M. Mosset avait donné à M. Mazier des ordres positifs à cet égard. *C'est donc autant de gagné.* » On voit que l'honnêteté est de tradition dans cette famille.

— Cela est vrai. Mais séchez vos larmes et descendons à Lyon, vous réfléchirez en route.

Et nous descendîmes.

Toute la matinée se passa en démarches, les unes heureuses, les autres infructueuses. Dans l'après-midi, le sort du journal était décidé. Ces dames renonçaient à la lutte.

Et le fait est qu'elles ne reparurent plus au bureau.

Quelques jours après, le Tribunal des référés prononça l'expulsion. Les meubles furent enlevés et transportés je ne sais où.

Où furent les bureaux de la *Comédie politique* se balance aujourd'hui un écriteau avec les mots :

A LOUER DE SUITE

. . . .

Ces gens-là, après avoir vécu salement, sont tombés salement.

Ils ont fermé les bureaux pour éviter la reprise aux petits marchands des numéros invendus.

Ils ont vendu au poids les *bouillons* des dernières années.

Ils n'ont pas payé ou très mal payé les employés de la dernière heure.

Faut-il penser, comme me disait dernièrement M. R... « Je crois qu'ils jouent le grand coup et qu'ils ont caché leur argent ! »

Ou, réellement, n'en ont-ils pas ? Que sont devenues alors les sommes dont les journaux font mention ?

L'instruction, dit le *Courrier de Lyon*, a déjà reçu des témoignages pour une série d'actes de chantage dépassant une centaine de mille francs.

Encore un coup, qu'a-t-on fait de ces cent mille francs ?

Faut-il prendre encore la puissante voix de M. l'avocat général Beaudoin et répondre avec lui :

« — Mystère ! »

XIII

La Presse Lyonnaise

La presse, silencieuse un instant, tellement elle avait de mépris pour l'homme qui venait de s'effondrer si misérablement, car, suivant l'expression du *Lyon républicain*, elle ne pouvait voir un journaliste dans « un homme qui s'embusquait derrière une feuille pour crier : la bourse ou l'honneur ! à tous ceux qu'il savait susceptibles de chanter », la presse, dis-je, surmontant son immense dégoût, a fini par élever sa grande voix pour flétrir Ponet et son œuvre et le fouailler d'importance. (*)

A signaler d'abord l'arrestation de Ponet dans le *Courrier de Lyon* du 7 août :

Ponet est arrêté, et cette fois pour de bon. Il a été écroué, non pas à la Villa-des-Roses, mais à Saint-Paul. C'est à la suite d'une discussion en plein jour avec la femme d'une

(*) Ce premier silence est d'autant plus méritoire que plusieurs de ses organes avaient été violemment attaqués et pris à partie par le maître-chanteur, notamment le *Progrès*, le *Nouvelliste*, le *Lyon républicain* et le *Petit Lyonnais*. J'en passe et des meilleurs.

de ses victimes, discussion suivie de voie de faits, que son arrestation a été opérée.

Ponet est inculpé pour le moment de coups et blessures et menaces de mort, mais l'enquête se poursuit et les plaintes commencent à pleuvoir.

C'est M. Vial, juge d'instruction, qui est chargé de l'affaire.

Le directeur de la *Comédie politique* avait élevé, on le sait, l'art de faire chanter à la hauteur d'un principe. Tout lui était bon pour donner de la voix aux gens. Pour lui la parole était d'or ; gare à celui qui gardait le silence.

Les chants avaient cessé...

C'est fini de rire, Ponet est sous les verroux en compagnie de deux de ses dignes acolytes, les nommés Rassat et Paulin Blanc. Le journal de ces individus a paru ce matin sur deux pages seulement ; c'est-à-dire qu'on les a arrêtés la plume à la main et qu'ils n'ont pas eu le temps de terminer une fois de plus leur œuvre scandaleuse. Et deux pages, c'est encore trop ; espérons qu'au prochain numéro le titre seul subsistera et que l'on ne s'en souviendra plus bientôt que comme l'enseigne d'une maison de chantage et de scandales tarifés.

C'est encore le *Courrier de Lyon* qui, dans LA VIE LYONNAISE du même numéro, sous la signature de Paul Bertnay, a publié l'article le plus vrai et le mieux profondément senti de tous ceux qui ont paru sur Ponet et sa bande.

Je le cite en entier, car c'est une page d'histoire contemporaine qui mérite d'être lue depuis la première ligne jusqu'à la dernière, non seulement lue, mais méditée.

Quelque haut le cœur qu'on en éprouve, il faut bien, puisque c'est l'actualité d'aujourd'hui, parler de l'affaire Ponet et de sa bande.

Embusqués derrière un journal qu'ils avaient transformé en maquis, ces industriels avaient pour métier de crier aux plus honorables : « La bourse ou l'honneur. »

Un secret de famille, une douleur cachée, une défaillance d'autrefois, tout cela devait l'impôt à la bande de la *Comédie politique*, et quand un passé inattaquable, une vie irréprochable semblaient mettre un homme à l'abri de toute agression, la calomnie la plus éhontée, l'injure la plus basse venaient faire l'œuvre et amener celui-là aussi à capitulation.

Et ils ont tous capitulé !

Négociants, industriels, hommes d'affaires, artistes, fonctionnaires, tous ceux qui ne peuvent répondre à des accusations odieuses, tous ceux qu'on tient par la crainte du scandaleux tapage, tous ceux dont on menace d'insulter les femmes, les mères et les sœurs, tous ceux dont on fouille les papiers de famille, dont on étale les chagrins domestiques, dont on découvre les infirmités secrètes, ils ont passé à la caisse et payé.

Et après avoir payé, ils gardaient le silence. N'avaient-ils pas devant les yeux l'exemple des malheureux qui avaient été égorgés longuement, savamment, impitoyablement pour servir d'exemple à ceux qui seraient tentés d'imiter leur résistance ou leur simple indiscrétion ?

C'est bien la vérité que ce Ponet était devenu la terreur de toute la région. Audacieux, impudent, résolu, assuré de l'impunité, il s'était campé dans la ville comme en pays de conquête et chaque jour c'était une razzia nouvelle où il dirigeait ses acolytes.

Ils ont ainsi écumé tout ce qui était susceptible de quelque rançon. Car ce mot à l'usage des pirates était celui qu'ils employaient eux-mêmes.

Si l'on ajoutait le nom de ceux qui ont été insultés et calomniés dans la *Comédie politique* à la liste de ceux qui, avant toute injure ont préféré se laisser vider leurs poches, on aurait un livre d'or où seraient réunis les noms de nos plus honorables et de nos plus honorés concitoyens auxquels nous sommes fiers d'avoir été plusieurs fois mêlés. — Être diffamé par la *Comédie politique* équivalait vraiment à un certificat de probité, d'intelligence, de talent et de considération publique.

Cependant toute corde casse. Au milieu de la terreur générale, terreur, il faut le dire, partagée par bien des gens dont le devoir eût été de montrer plus de fermeté, il s'est trouvé un homme d'énergie, de décision et d'initiative, j'ai nommé M. le procureur de la République Bloch.

Résolûment, il a poussé à la bête, et une fois la bête capturée, il a vu avec étonnement que rien ne serait plus facile à accomplir que sa besogne d'assainissement, — de désinfection publique.

Ce Ponet et ses complices — car deux d'entre eux sont déjà avec lui sous les verroux et les autres y viendront à leur tour — n'ont pas même opposé cette résistance hardie qu'on devait supposer chez de tels écumeurs.

Ils se sont effondrés bassement, lâchement, platement. Hier Ponet écrivait au juge d'instruction pour demander grâce, et le magistrat écœuré se demandait, sans doute, s'il avait vraiment affaire au bandit qui, à lui tout seul, avait organisé l'exploitation d'une ville entière.

C'est que, je ne dirai pas chaque jour, mais chaque heure, le dossier de l'instruction se grossit de tous les témoignages qui pleuvent maintenant contre le maître-chanteur de la *Comédie politique*.

Au premier moment, la peur — toujours la peur — paralysait les bonnes volontés, arrêtait les confidences, suspendait les aveux ; mais maintenant qu'ils se voient sauvés du Ponet et de sa bande, maintenant qu'ils savent qu'on tient enfin celui qui se proclamait imprenable et qu'on ne le lâchera pas, le courage est revenu aux plus craintifs et ils parlent, ils parlent, ils parlent... On a déjà dix fois ce qui est nécessaire pour envoyer pourrir ce malfaiteur public dans une maison centrale.

L'instruction a déjà reçu des témoignages pour une série d'actes de chantage dépassant une centaine de mille francs. — Le métier, on le voit, était lucratif sinon sans danger.

Malheureusement pour Ponet et ceux qu'il employait à ses « rentrées » le chantage — il l'avait sans doute oublié

— ne constitue pas un délit de presse, mais un simple délit de droit commun comparable au vol et à l'escroquerie.

Quelle que fût l'arme qu'il employât, quel que fût le titre dont — à notre profonde humiliation — il se parât ainsi que ceux qui se servaient chez lui d'une plume comme on se sert d'une fausse clé, — Ponet, auquel pas un de nous n'a jamais depuis 1870 permis de se dire notre confrère, Ponet qui était au ban de notre corporation comme il était au ban de l'opinion publique (*), Ponet est écroué en ce moment à Saint-Paul pour y payer — enfin — sa dette, à la façon du dernier malandrin surpris dévalisant un passant attardé.

Nous félicitons de son énergie M. Bloch, procureur de la République. C'est un homme celui-là, et voici deux ou trois circonstances où il montre qu'il a le poignet ferme, et que, lorsque le devoir commande, aucune considération ne l'empêche d'aller de l'avant.

Et puis nous félicitons la légion — c'était une légion — de ceux qui respirent pour la première fois, débarrassés enfin du cauchemar de toutes leurs nuits.

Honnêtes gens, c'est fini pour vous d'attendre en tremblant des récits ignobles sur vos femmes, sur vos mères c'est fini de lire d'éhontées calomnies sur votre vie publique et privée — sur votre vie privée plus encore que sur votre vie publique, — l'usine à pirateries est en déconfiture.

(*) Voici un jugement, du reste, porté par Ponet lui-même et qui semble avoir été écrit pour lui, Ponet :

« Si la *Comédie politique* s'appelait, par exemple, l'*Echo de l'épicerie* ou le *Moniteur de l'industrie stéarique*, elle ne prendrait point feu et flamme, je vous assure, le jour où un épicier ou un fabricant de chandelles se trouverait atteint ou flétri par un jugement ou par un verdict du jury. Elle considèrerait que les honorables corporations des épiciers et des chandeliers sont, comme toutes autres corporations, susceptibles de comprendre dans leur sein quelques malhonnêtes gens mêlés aux honnêtes, et elle applaudirait à la suppression ou à la séparation d'un membre gangrené, comme à une opération chirurgicale utile à la société tout entière, mais utile surtout au corps dont ce membre faisait partie. (Numéro du 6 février 1887.)

Le dernier numéro de la *Comédie politique*, composé depuis quelques jours par les complices de Ponet, par Blanc et Rassat qu'on vient d'arrêter hier soir, a pu encore paraître ce matin, mais c'est le chant... pardon, le chantage du cygne.

Donnons maintenant la parole au *Nouvelliste* (numéro du 14 août) :

L'enquête qui se poursuit sur la monstrueuse affaire de chantage de la *Comédie politique* amène chaque jour la découverte de faits nouveaux.

Le parquet et la sûreté continuent à dépouiller les dossiers et les manuscrits d'articles saisis chez Ponet, et, au fur et à mesure qu'on avance dans ce travail, les faits de chantage deviennent plus caractérisés, comme s'augmente aussi le nombre des individus compromis dans cette scandaleuse affaire.

Des commissions rogatoires ont été lancées contre certaines personnes qui ont collaboré jadis à la *Comédie politique*. Il ne s'agirait cependant que d'entendre leurs dépositions comme témoins. Presque toutes, bénéficiant de la prescription, échappent aux poursuites dont elles n'eussent pas manqué d'être l'objet quelques mois plus tôt.

C'est, dit-on, sur les instances de M. Demole auprès du ministre de la justice que l'ordre serait venu de Paris d'arrêter Ponet et sa bande.

M. Demole plaidait à Lyon, il y a quelque temps; des intéressés se firent auprès de lui l'écho du sentiment public, et l'ancien ministre se chargea d'en parler en haut lieu.

Eh bien ! là, franchement, ce dernier paragraphe me fait plaisir. Il est de nature à clore la bouche à certain petit journal qui, tout en se vantant d'avoir envoyé à Saint-Paul « cette bande de malfaiteurs », se plaint que « pas un de ses *confrères (sic)* — vous entendez bien — pas un seul n'a daigné citer son nom » et regrette qu'on lui « marchande une ligne — si petite qu'elle soit — dans les comptes rendus prolixes de ses *chers* confrères (encore!) de la presse lyonnaise ».

J'aime infiniment mieux — et tous les honnêtes gens seront de mon avis — devoir à M. Demole, ancien ministre de la justice, l'arrestation de Ponet et de sa bande. Au moins celui-là était dans son élément. Il n'avait pas de basses vengeances à assouvir, et l'intérêt public seul a pu le guider.

Comment trouvez-vous l'histoire suivante, racontée par le *Nouvelliste* :

La *Comédie politique* était devenue un organe tellement réservé aux révélations scandaleuses et aux brutales calomnies envers les particuliers, qu'on ne prêtait guère attention aux articles de genre qu'elle publiait et qui empruntaient un certain air de discussion politique ou religieuse. Le pavillon semblait couvrir la marchandise, mais tout cela cachait encore du chantage et rien que du chantage.

On se souvient des feuilletons qui furent publiés sur le pèlerinage de La Salette ; on pensait naïvement que Ponet faisait concurrence à l'*Anti-Clérical*. Ces attaques avaient un autre but.

Un jour, un individu se présenta chez les Pères de la Salette et leur offrit de faire cesser la publication de cet immonde feuilleton si on lui versait 3,000 francs.

— Mon Dieu, répondit le Père, un de plus ou un de moins, nous ne comptons plus les journaux qui attaquent chaque jour nos institutions; la religion ne s'en porte pas plus mal. Nous n'achetons jamais le silence de nos ennemis.

Il n'y avait rien à faire; ça ne mordait pas.

Le feuilleton dura encore un numéro, puis disparut du rez-de-chaussée de la *Comédie*.

On ne voulait décidément pas chanter.

Voici maintenant, à titre de curiosité bien entendu, un article assez original de R. C. A LA PRISON SAINT-PAUL, dans le *Lyon Républicain* du 24 août :

Depuis que Ponet est sous les verroux, il ne quitte pas Palmarini ; l'ex-avocat bien pensant et l'ex-leader du parti bonapartiste conversent longuement ensemble ; dans leurs promenades intimes, sous le préau, ils échangent leurs vues sur leur situation réciproque.

Et ces deux vieux débris se consolaient entre eux.

Vieux, pas déjà tant que ça ! A les entendre, l'avenir leur appartient. Si leur horizon s'est assombri, si leur étoile s'est voilée sous les nuages de la tempête, ils espèrent que c'est pour un instant seulement, et que les beaux jours ne tarderont pas à luire de nouveau pour eux.

L'autre matin, bras dessus, bras dessous, comme des amis de vingt ans, Ponet et Palmarini faisaient leur promenade quotidienne. L'ex-plaideur venait de signer son appel : il était radieux ; Ponet, lui, n'était pas moins réjoui. Il venait de subir un interminable interrogatoire, et le juge d'instruction n'avait pu lui arracher le plus petit aveu. Car, il faut le dire, Ponet met en pratique le système du boucher Avinain, qui est aussi celui de Pranzini : N'avouez jamais ! Le directeur de la *Comédie politique* nie contre toute évidence ; il espère ainsi dérouter les juges.

Donc les deux prisonniers étaient en joie.

— Ah ! disait Palmarini, qu'il me tarde d'être rendu à la liberté.

— Que ferez-vous donc sitôt sorti de prison ?

— Moi, quelle question ! Mais je plaiderai, mon cher. Oh ! je vous vois venir. Vous trouvez que je suis coulé en France. C'est aussi mon avis. Mais il n'y a pas qu'en France où l'on puisse défendre la veuve et l'orphelin, que diable! Tenez, j'ai déjà fait mon choix du pays où se déversera mon éloquence: la Tunisie. Tunis est une ville neuve; il doit être facile de s'y faire un nom et une petite vie agréable. Mais j'y pense, venez m'y rejoindre; vous y fonderez la *Comédie tunisienne*. A nous deux, mon cher, nous révolutionnerons le pays.

— Votre idée me sourit, soupira Ponet; mais, hélas! je dois vous dire que les épreuves m'ont vieilli. Je n'aspire plus maintenant qu'à me retirer à la campagne. Là, loin des méchants, je ferai du roman...

— Naturaliste?

— Non pas, de l'idylle!

La conversation se termina sur ce mot plein de saveur.

Se figure-t-on Tityre-Ponet et Mélibée-Palmarini modulant sur le chalumeau des airs champêtres!

Charmant tableau que celui qui représenterait ces deux hommes sous les traits bucoliques de personnages virgiliens.

En attendant que le dieu des maîtres-chanteurs fasse à Ponet les loisirs nécessaires à la poésie idyllique et que Palmarini contemple ton azur, ô Méditerranée! Paulin Blanc fait l'innocent, Rassat fulgure, Paccaud rugit. Tristes personnages.

Citons encore l'*Express* du 15 août:

Décidément, le parquet veut agir, frapper fort et vite. C'est grand dommage qu'il ait tant tardé.

Il y a longtemps que l'opinion publique attendait ce coup de balai, devenu nécessaire pendant les grandes chaleurs, à cause des épidémies.

Mais M. Bloch hésitait toujours; M. Bloch n'osait pas. Il savait qu'il aurait affaire à forte partie. Il savait que tout le monde de la *Comédie politique*, n'ayant rien à craindre, n'ayant plus rien à cacher, pouvait tout oser, tout inventer, tout salir. Et quelle est la personne propre et honnête qui affronte volontiers la lutte contre l'infamie et l'ordure?

Mais l'ordre est venu de plus haut et il a fallu agir.

Ce n'est pas M. Demole, avocat, ancien ministre, qui a poussé le ministre de la justice à sévir, comme le dit un de nos confrères. Mais c'est le ministre de la guerre, lui-même, qui a sommé son collègue de la justice d'avoir à mettre fin à cet ignoble scandale.

C'est sur la plainte formelle de l'autorité militaire, que le général Ferron a demandé à M. Fallières la tête de la *Comédie politique.*

Alors M. Bloch a compris qu'il fallait agir vite et frapper fort. En une semaine, il a fait arrêter toute la rédaction de cette feuille. Les dossiers étiquetés, catalogués avec soin par Ponet, le maître des maîtres-chanteurs, ont été saisis et soigneusement examinés.

Puis sont venues les dépositions ; tous ceux que la peur du chantage avaient retenus ont relevé la tête. Ils ont parlé, bavardé, tant et si bien qu'aujourd'hui la moitié de Lyon regarde l'autre en se disant : « Elle en était. »

On nomme ouvertement des magistrats, des avocats, des juges, des officiers, des fonctionnaires.

Le scandale est public.

C'est un gigantesque effondrement.

Pendant ce temps, les arrestations continuent. Hier encore, un sieur G....., de Fontaines, qui, depuis plus de deux ans, avait cessé toute collaboration à la *Comédie politique*, a été arrêté.

Nous doutons que cette arrestation éclaire l'instruction d'un jour bien nouveau.

D'autres, bien plus coupables, jouissent du bénéfice de la prescription : ils ont quitté la *Comédie politique* depuis plus de trois ans. Ceux-là resteront en liberté et lèveront la tête.

Mais que va faire le parquet de tous ces dossiers ?

Osera-t-il s'attaquer à ceux que leur position protège ?

Ce n'est pas tout que d'arrêter de pauvres diables dont le public s'inquiète fort peu. L'opinion ne s'en déclarera pas satisfaite. La lessive doit être plus complète ; ou bien on sera en droit de dire qu'on n'a pas osé agir, et que le proverbe est toujours vrai :

Aux gueux la besace !

Donnons maintenant, pour terminer, la biographie de Ponet et les phases diverses de son œuvre. C'est au *Nouvelliste* que nous empruntons ce récit :

Le journal la *Comédie politique* et son directeur ont trop occupé l'opinion publique, depuis dix-sept ans, pour qu'au moment où l'un et l'autre sombrent dans une honteuse aventure nous ne fixions ici, rapidement, ce que furent le journal et l'homme qui en était l'inspirateur, le rédacteur et l'âme.

D'abord qu'est-ce que le directeur de la *Comédie politique* ?

Ponet est originaire de la Drôme — il est né, croyons-nous, à Etoile; — il doit être âgé d'environ cinquante ans.

Fils d'un ancien officier du premier empire, il fut élevé au collège de Valence, qu'il quitta avec le diplôme de bachelier ès sciences.

Après avoir accompli son service militaire dans un bataillon de chasseurs à pied, il entra dans les ponts et chaussées avec l'emploi de piqueur; — il ne resta pas longtemps dans cette administration.

Nous le trouvons ensuite tour à tour correcteur-typographe au *Progrès* et critique artistique au *Courrier de Lyon*.

En 1871 il fonda la *Comédie politique*, un vrai journal de combat, où, avec une certaine crânerie et un réel talent, il flagella les hommes politiques qui, à Lyon et ailleurs, furent mêlés aux événements de 1870 et 1871.

Le procès qui lui fut intenté par M. Andrieux, alors procureur de la République, restera célèbre dans les annales du Palais.

La première *Comédie politique* disparut sous une avalanche d'amendes et de mois de prison.

Ponet fonda, en 1873, le *Lyon-Journal*, organe bonapartiste qui ne vécut que fort peu de temps.

Après un voyage à Chirlehurst, quelques mois après la mort de l'empereur, Ponet écrivit des lettres injurieuses sur l'impératrice. Ces lettres, qui devaient rester confidentielles, furent livrées par un sieur L...., à qui elles étaient adrsesées, au directeur du *Petit Lyonnais*, M. Balay, qui, à son tour, les livra au journal le *Siècle*.

Le *Siècle* les fit reproduie à l'aide de la photogravure; cette publication fit grand bruit.

Dès lors Ponet fut répudié par les chefs du parti bonapartiste et mis au ban de ses coreligionnaires dans un article virulent publié par le *Pays*.

⁂

En 1877 Ponet fit revivre la *Comédie politique* avec les mêmes procédés de polémique qui avaient fait tomber la première.

Ses attaques, sans passer inaperçues, n'eurent pas le même retentissement. On ne lui fit que de maigres procès, ce qui diminua d'autant sa vogue retentissante; en un mot, le journal, qui suivait la ligne politique du prince Jérôme, languissait.

Alors son directeur se lança dans la voie qui devait le conduire sur les bancs de la police correctionnelle.

Ponet fit du *chantage*.

Quelle est l'étymologie de ce mot?

Larousse le définit ainsi :

« Action de faire chanter quelqu'un, artifice qu'on emploie pour lui soutirer de l'argent, et qui consiste à le menacer de révélations scandaleuses et de satires publiques.»

Beaumarchais a dit :

« Le chantage est une plaie de vieille date; elle est plus ancienne que le pistolet d'arçon et le vol de grand chemin. »

Ponet en usa.

Lorsque le hasard, l'occasion, une confidence imprudente ou intéressée initiait cet homme à des secrets qui touchaient au repos des citoyens, à l'honneur des familles, à la paix du foyer domestique, et dont la révélation pouvait avoir d'incalculables conséquencces, Ponet en profitait pour menacer de les dénoncer ou de les répandre si on ne consentait à acheter son silence.

Lorsque le plus souvent les moyens d'accuser lui manquaient, il avait recours à la calomnie.

Pendant quatre ans il fut la terreur de la cité et de la région : citoyens intègres, femmes honnêtes, vieillards, enfants, tout y passait.

L'impunité dont il paraissait jouir redoublait son audace, qui allait jusqu'à braver les magistrats sur leurs sièges.

Présidents, procureurs généraux, conseillers et juges furent par Ponet traités de « prévaricateurs vendant la justice à poids d'or ».

Le parquet paraissait désarmé devant des attaques aussi multiples qu'audacieuses.

Il laissait dire — impuissant à défendre les magistrats, il songeait moins encore à protéger de simples citoyens.

Son attitude était diversement appréciée.

Il a fallu une femme pour abattre celui qui paraissait invincible.

Nouvelle Judith, elle a porté la tête d'Holopherne aux pieds de M. le procureur de la République Bloch.

On connaît les causes de l'arrestation de Ponet : nous n'insisterons pas ; aussi bien l'intérêt réside dans le procès pour lequel la détention du directeur de la *Comédie politique* est maintenue.

Ponet a été arrêté le samedi 6 août sous l'inculpation de coups et blessures, menaces de mort et port d'armes prohibées.

Dès le 8, M. le Procureur de la République faisait procéder à une perquisition au domicile de Ponet, perquisition qui amena la découverte de papiers importants.

Le parquet se trouvait saisi de plusieurs plaintes émanant de personnes qui *avaient chanté*.

On comprendra aisément que nous ne puissions entrer ici dans de plus grands développements. Désigner les victimes de Ponet équivaudrait à révéler des faits dont la divulgation serait essentiellement désagréable aux personnes qui ont payé argent comptant afin d'obtenir un silence qui aura été mal gardé.

Le procès qui s'instruit sera trop fertile en scandales pour qu'il soit utile d'en parler dès à présent.

On sait que Ponet ne faisait pas seul son joli métier. Il avait, assure-t-on, plusieurs complices, dont deux, les nommés Rassat et Paulin Blanc, sont actuellement sous les verroux.

Rassat était l'inspirateur de cette fameuse campagne contre les avoués que Me Charrérau a été le premier à déférer à la justice.

Paulin Blanc se contentait d'être le feuilletoniste du journal, l'auteur des récits scandaleux dont la publication ne s'arrêtait que moyennant finances.

Si nous en croyons les bruits qui ont cours, d'autres arrestations sont à la veille d'être opérées.

Nous suivrons la marche de l'instruction pour tenir nos lecteurs au courant de cette triste affaire.

Jusqu'en 1863, la spéculation honteuse connue sous le nom vulgaire de *chantage*, n'était pas punie par nos lois, à moins qu'il ne s'y joignît des manœuvres frauduleuses pour faire croire à l'existence ou faire naître la crainte d'événements chimériques.

Lorsque, en 1863, un projet de modifications à apporter au Code pénal fut soumis au Corps législatif, la commission chargée de l'examiner crut devoir s'occuper du chantage, sur lequel le projet était muet, et elle y trouva les caractères d'une extorsion qui, bien qu'opérée sous le coup d'une contrainte purement morale, n'en constituait pas moins à ses yeux un fait delictueux.

Le paragraphe 2 de l'article 400 du Code pénal fut adopté. Il édicte la pénalité suivante :

« Un an à cinq ans de prison et cinquante à trois mille francs d'amende. »

La plus forte pénalité sera sans doute l'épilogue de la triste histoire de Ponet.

MORALE ET CONCLUSION

Dans le réquisitoire de M. l'avocat général Beaudoin que j'ai déjà cité, mon attention a été particulièrement attirée par le passage suivant :

Une des habitudes de Ponet est celle-ci : il pose un point d'interrogation dans son journal, il dit que telle entreprise, telle maison de commerce ne sont pas sérieuses, j'en parlerai dans un prochain numéro. Il se passe souvent dans l'intervalle je ne sais quoi ?... Mais j'ai là, dans mon dossier, quantité d'articles concernant le cirque Rancy, l'hôtel Collet, la Photonature, le chocolat Payraud, la Ville de Lyon, tout cela est violemment attaqué dans un premier numéro ; puis, dans un numéro suivant, on trouve un entrefilet disant : Oh ! la magnifique entreprise ! et souvent une grande annonce à la quatrième page du journal. Evidemment, d'une semaine à l'autre, il s'est passé quelque chose. Mystère !

Ces paroles, prononcées le 26 février 1884 à l'audience de la Cour d'assises du Rhône, sont encore vraies, du moins l'étaient il y a quelques jours à peine, puisqu'aujourd'hui le journal n'existe plus.

J'en ai sous les yeux quelques exemples que je vais citer.

N'est-ce pas à la suite d'un entrefilet du 23 janvier que certaine maison de la rue Lanterne a donné des annonces ?

N'est-ce pas à la suite de deux articles parus le 30 janvier et le 6 février que certaine maison de la rue Thomassin a donné des annonces ?

N'est-ce pas à la suite de deux entrefilets publiés les 23 janvier et 27 février que certaine maison de la place Bellecour a donné des annonces?

Oui, peut-on répondre sans conteste. D'autres moyens ont-ils été employés pour y parvenir, je l'ignore ; mais je comprends que des maisons qui se souciaient fort peu d'être attaquées par un Ponet surtout, aient pu baisser pavillon devant lui et souscrire à toutes ses demandes.

Je comprends moins l'impudence de celui qui après avoir écrit :

C'est une honte pour la presse française qu'il y ait des journaux assez peu scrupuleux pour servir d'auxiliaires à de pareilles escroqueries. (*)

mettait avec empressement les colonnes de son journal à la disposition de ceux qu'il venait d'attaquer avec tant de violence.

Il y aurait certainement une étude intéressante à faire en recherchant dans la *Comédie politique* tou-

(*) Numéro du 27 février 1887.

tes les maisons qui ont été amenées à fournir des annonces à la suite d'articles plus ou moins virulents. Si dans les quelques numéros que je possède j'ai pu en découvrir trois, combien n'en trouverait-on pas dans la collection entière ?

Mais le Parquet ne manquera pas de la faire, cette étude, et il saura bien en déduire les conséquences nécessaires.

Que conclure de tout cela, si ce n'est que l'œuvre de Ponet a été infâme, et que la justice a bien fait de mettre la main snr ce grand coupable. Elle le tient, et elle ne le lâchera pas de sitôt. Il sera bon d'atteindre dans leurs sources vives et d effrayer tous ceux qui seraient tentés de l'imiter. Car — et c'est en vain qu'on voudrait se le dissimuler — il existe autour de nous quantité de bureaux interlopes, sortes d'agences Tricoche et Cacolet, qui se font un jeu de l'honneur, de la vie et de la fortune de leurs concitoyens. Si de temps en temps la balle de quelques-unes de leurs victimes ou la grande voix de la justice ne venaient les mettre à la raison, on pourrait bientôt ne plus faire un pas sans risquer de se voir compromis, tant ces êtres sont habiles à découvrir dans les moindres faits et les moindres démarches les plus coupables projets.

Un avertissement ne serait plus nécessaire. C'est un bon coup qu'il faut frapper, un coup terrible, afin que tous les journaux à scandale

Liberté de la presse, que de crimes on commet en ton nom.

et tous les gens extraordinairement véreux qui peuplent les usines à chantages soient forcés de disparaître, comme font les fauves à l'approche de la lumière.

Un dernier avis : Que toutes les personnes intéressées, tous les gens honnêtes forment une immense ligue contre ces larrons de fortune et d'honneur, et qu'à la moindre démarche saugrenue, à la moindre pression à double entente, ils emploient les grands moyens. Qu'ils les jettent hardiment dans les escaliers ou entre les bras de la justice, et alors soyez sûrs que le chantage, l'ignoble chantage, disparaîtra peu à peu de nos mœurs. Les immondes gredins qui en vivent réfléchiront à deux fois quand ils sauront que leur peau et leur liberté sont sérieusement compromises.

Un mot encore, le dernier celui-là, à l'adresse de Ponet, et je termine :

Quand on a l'habitude d'écrire avec tant de fiel que le faisait Ponet, on se laisse souvent entraîner à des écarts de plume terribles qui se retournent contre soi et on est tout étonné un beau jour de se voir appliquer les propres paroles que l'on appliquait aux autres. C'est ainsi que dans un article de la *Comédie politique* du 9 janvier 1887, et pour un sujet qui ne méritait ni tant de haine, ni tant de colère, puisqu'il ne s'agissait que de son chien Figaro, Ponet pronostiquait à l'honorable maire de Lyon qu'il finirait dans une de ces fourrières qu'on appelle maisons centrales et qu'il y serait transporté dans une de ces voitures à chiens qu'on appelle « paniers à salade. »

Hélas ! pauvre Ponet, M. Gailleton est encore

debout, et c'est vous qui allez le prendre le « panier à salade », car, si j'en crois M. Paul Bertnay, dans le *Courrier de Lyon,* « on a déjà dix fois ce qui est nécessaire pour vous envoyer pourrir dans le fond d'une maison centrale. »

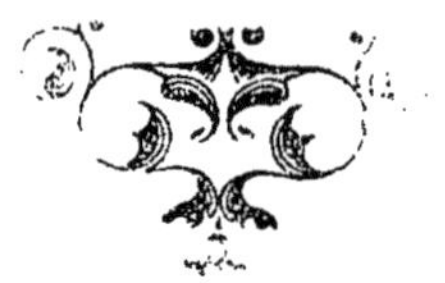

PIÈCES JUSTIFICATIVES

En publiant ce livre, je n'ai eu qu'un but, un seul but : me disculper aux yeux de la presse et du public d'avoir fait partie de la *Comédie politique* en qualité de rédacteur et de secrétaire — sans secrets — de M. Ponet.

J'ai dit comment j'y étais entré, l'ignorance profonde dans laquelle j'étais des manœuvres de ce journal.

J'ai raconté aussi comment j'en étais sorti. — Un simple acte de délicatesse que je commettrais encore volontiers si l'occasion s'en présentait a prouvé au directeur de la *Comédie politique* que je n'étais pas l'homme qu'il lui fallait, qu'il y avait en moi trop de cœur et trop de conscience pour qu'il pût espérer tirer un parti quelconque de moi à son profit, notamment dans l'exécution de ses basses vengeances ou la perpétration d'un acte délictueux.

Et c'est pourquoi j'ai tenu singulièrement à secouer la poussière qui aurait pu s'attacher à moi pendant mon court passage à la *Comédie politique*.

Il ne me reste plus maintenant qu'à soumettre à mes lecteurs, ainsi que je le leur ai promis, les quelques articles émanant de moi qui ont paru dans le journal. Ils aideront à me réhabiliter, si toutefois j'ai besoin d'une réhabilitation.

Aucun d'eux ne craint le grand jour, car aucune mauvaise pensée n'a présidé à leur conception.

Quelquefois, au milieu de la nuit, dans ce grand silence, lorsque rien ne nous avertit de l'existence des choses et que nous n'entendons que le bruit de nos artères qui battent dans nos tempes, tout à coup nous repassons dans notre esprit toute notre vie; nous avons devant les yeux ce rêve étrange, cette singulière fantaisie des événements, les personnes parues et disparues, nos plaisirs, nos peines, nos affections et nos inimitiés, nos ambitions, nos agitations, nos succès, nos revers, et alors, nous élevant au-dessus du monde, nous l'estimons ce qu'il vaut; nous dépouillons nos haines, nos passions, notre vanité et nous nous jugeons.

Eh bien! ce coup d'œil rétrospectif je l'ai donné; ce jugement je l'ai demandé au grand juge qui est en nous : la conscience, cet écho de la justice de Dieu.

Et sa voix m'a répondu :

— Non, tu n'es pas coupable!

BONJOUR, SOLEIL !.. (*)

Loin de moi, affreux parapluie, quoique sorti de la maison Madrignac, désespoir du désœuvré, qui t'oublie si facilement dans un coin, désespoir bien plus grand de la modiste reconnaissante, qui te presse fiévreusement sur son cœur en songeant que tu fus le pied humide qui abrita pendant tout un mois ses délirantes amours !... *Vade retro !...* Tu ne verseras plus des torrents d'eau dans le cou des voyageurs d'impériale, sous le prétexte de protéger le chapeau caduc d'un troisième clerc d'avoué. Ton règne est fini ! L'oiseau gazouille, le soleil brille. Place à l'ombrelle légère, blanche ou bleue, rose ou rouge, charmante toujours, coquette jusque dans le deuil !...

Je viens de l'Observatoire. J'ai consulté tous les baromètres et thermomètres de l'établissement. J'ai interrogé des savants à barbe blanche. J'ai fouillé tous les coins et recoins de l'horizon, cherchant à y découvrir le plus léger nuage. Rien. L'horizon est d'un bleu parfait, j'allais dire céleste, mais si parfait que la dernière reine des blanchisseuses m'a avoué tout à l'heure qu'elle en voudrait un morceau pour mettre dans son « bagnon. » *Alleluia !* Le ciel et la terre sont d'accord. Nous les tenons, les beaux jours... *Alleluia !*

De même qu'il faut avoir effectué une longue et pénible traversée pour comprendre les émotions qu'apporte la vue de la terre ferme, de même il faut avoir parcouru, les pieds dans la boue et le cache-nez au cou, le joli mois de mai tout entier de 1887 pour apprécier le changement su-

(*) Numéro du 12 juin 1887.

perle que vient de faire, dans ses décors du firmament, le grand machiniste qui trône dans les cieux, celui que les sceptiques de nos jours appellent « Monsieur Dieu » !...

Et ce changement va nous être d'autant plus doux qu'il a été plus longuement attendu. Il nous aidera à comprendre la parole du philosophe stoïcien : *Nego dolorem*, la douleur n'existe pas. L'homme vit de contrastes. La félicité monotone est pour lui une maladie, comme un ciel toujours sans nuage lui fait désirer la tempête, qui fait paraître plus doux le retour du ciel bleu. On jouit bien mieux de ce que l'on a obtenu avec beaucoup d'efforts et de peines, et l'espérance allège bien le poids de ces peines et de ces efforts.

✠

Donc, vive le soleil !

Ils vont revenir, ces repas champêtres, ces services improvisés à la hâte au fond des bois. On a un poulet, un pâté, un saucisson, une salade, qu'on assaisonnera tout à l'heure dans une serviette et qu'on tournera avec les doigts, du fromage, des fruits, des miches et des flacons de vin avec un verre pour six. L'eau de la source voisine rafraîchira le vin, battu par le trajet. Un journal sera la nappe, une feuille de vigne la serviette. Quant à la table et aux sièges, cherchez un coin de pelouse bien vert, un endroit tout tapissé de mousse. On n'a jamais si bien compris que ce jour-là l'avantage de savoir se servir de la fourchette du père Adam. Et tout est bon, proclamé parfait, précisément parce que le tout échappe à toute symétrie, qu'il n'y a ni sel ni poivre et qu'on a oublié la moutarde.

C'est dans ces repas champêtres que se révéla pour moi le destin qui me vouait aux cous de poulets. La première fois que je dînai avec M. et Mme D...., qui depuis sont devenus pour moi d'excellents amis, ils venaient de s'asseoir sur l'herbe et d'étaler les provisions qu'ils avaient apportées. Je ne me rappelle pas le menu de ce bucolique repas. Je ne me souviens que d'une chose : qu'au milieu de bien d'autres mets apparurent les reliefs d'un poulet. Il y avait une aile, une cuisse et le cou. Le ménage D.... n'étant composé que de la femme et du mari, le poulet n'avait pas été gros. Ce qu'il en restait ne l'était pas non plus. Comme Mme D..... s'ingéniait à faire trois parts de ces débris, par délicatesse, je réclamai le cou, en affirmant que c'était ce que je préférais dans la bête. Je le demandai avec tant d'instances et d'insistance qu'il me fut concédé..., avec un certain bonheur, du reste.

Treize années se sont écoulées depuis. Il a été mangé, dans le ménage D....., pendant ce laps de temps bien des poulets, oies, dindes, perdrix ou autres insectes de ce genre, et pendant ce même laps de temps, toujours, et sans faillir une seule fois, Mme D...., a religieusement déposé sur mon assiette le cou de la bête. Et je m'imagine que, si un convive eût manifesté l'intention de l'avoir, Mme D....., dans sa religieuse tendresse, aurait trouvé le moyen de me l'octroyer quand même, de crainte de me chagriner en me privant de mon morceau favori. Voilà comment un homme peut être condamné à manger à perpétuité des cous de poulets !

Mme D..... serait bien étonnée si elle apprenait aujourd'hui mon peu de goût pour cette partie de la bête et si elle savait avec quel soin je m'empresse de l'éviter à table d'hôte.

N'allez pas le lui dire, lecteur.

— Il est enfin parti !

— Qui ?

— Le ballon l'*Univers*.

— Et il n'a pas plu ?

— Non.

— Etrange !

Ce dialogue un peu à la diable m'a appris le départ de l'aérostat qui a tant fait parler de lui parce qu'il ne partait pas. Grâce à la belle journée dont nous avons été favorisés dimanche, le ballon l'*Univers*, sous l'habile direction de l'étonnant M. Pompéien, a pu enfin s'élever dans les airs sous les yeux ardents de très nombreux curieux.

Il est vrai qu'on l'accusait aussi d'avoir amené la malechance sur Lyon, car des observateurs, qui se disent très profonds, ont prétendu qu'il n'avait fait que pleuvoir depuis l'annonce du départ de l'*Univers*. Comme nous nous empressons de juger les autres à notre taille ! Voilà qu'à propos de ballon nous allons faire disputer le ciel et la terre, leur mettre nos querelles sur les bras et les forcer à se battre, comme de vulgaires Allemands en quête d'aventures faciles ! On ne s'occupe pas déjà tant de nous là-haut pour que nous allions les berner de pareilles sornettes. Laissons les dieux à leurs affaires et mêlons-nous un peu plus des nôtres.

Oui, vive le soleil !...

L'épouse est plus aimable, les enfants sont plus gracieux. Jusqu'à votre caractère que vous reconnaissez s'améliorer.

Que voulez-vous ? le soleil a déteint sur tout ce monde-là. Et votre personnel donc ? Demandez à Maria, votre cuisinière, pourquoi elle se montre moins revêche et réussit mieux ses sauces. Existerait-il une affinité entre le soleil, ce fourneau de l'univers, et votre fourneau, ce soleil de votre cuisine ? Ou n'est-ce pas parce que le cuirassier Rémy pourra, vu le beau temps, quitter sa caserne dans son pantalon flambant neuf et venir rôder autour de votre demeure, où l'attend le bouillon traditionnel ?

C'est sur la plage que le retour des beaux jours a été acclamé avec le plus d'éclat. Combattre l'élément perfide sur lequel ils passent leur vie est une occupation quotidienne pour nos pauvres marins du littoral. Mais, cette fois, la tâche avait été plus rude et, malgré leur vigueur et leur habileté bien connues, beaucoup y ont trouvé la mort. Ah ! c'est surtout au pied des vagues mugissantes que je comprendrais l'érection de gigantesques croix sur les gradins desquelles viendraient s'agenouiller les mères, les femmes et les enfants des nochers luttant contre les flots !

Bonjour, soleil ! Voici le tramway qui passe. Il n'est plus nécessaire de s'aborder la hache au poing pour se mettre en possession d'une place. Il y a quelques jours, c'était une autre affaire, surtout à l'arrivée des trains. On se bousculait, on se confondait, pressé d'une part par la douane, qui croyait flairer quelque contrebande dans les flancs caverneux de l'unique valise que vous portiez à la main, d'autre part par vos confrères les arrivants, qui voulaient faire comme vous, sortir de la gare, et, par la hâte même qu'ils y mettaient, n'arrivaient qu'à retarder cette sortie. Il devrait exister un code de civilité puérile et honnête à l'usage des voyageurs, pour les égards qu'ils se doivent entre eux. Mais nous en reparlerons. Ce n'est pas, bousculés comme nous le sommes, que nous pourrions traiter convenablement ce sujet. Regardez. C'est un peu la sortie de l'Opéra-Comique. La porte n'est déjà pas large. On ne l'ouvre qu'à moitié, tandis qu'il serait si simple d'ouvrir une issue large, deux issues larges, même trois issues larges. Mais voilà ! vous pourriez frustrer le Trésor en passant en fraude un cervelas de campagne ou un litre de vin de Curis. Pensez donc ! la société péricliterait ! Il vaut mieux s'écraser les pieds, recevoir un bout de parapluie dans l'œil ou un coup de malle dans le dos et payer par dessus le marché, qui 15 c. pour un litre de vin, qui 25 c. pour un saucisson de Mâcon ou une maigre volaille de Couzon.

Sauvés, mon Dieu ! nous voilà dehors. Horreur ! vingt mains se tendent pour vous saisir. Il n'y a pas que des vautours à la gare de Perrache : il y a aussi des corbeaux. Les commissionnaires ont fait leur apparition et tendent à l'envi leurs doigts crochus... Oui, crochus, je l'ai dit et je le maintiens, car il est honteux de voir parfois comment les règlements sont exécutés.

— Combien me prendriez-vous pour porter cette caisse, cette valise, jusque sur la place des Cordeliers ?

— Un franc cinquante.

Et ce « un franc cinquante » est prononcé avec un tel aplomb qu'il vous fait instantanément souvenir que c'est le prix d'un fiacre, que naturellement vous vous empressez de prendre.

Bonjour, soleil !

Je me rappelle qu'étant enfant, tout petit enfant, ma bonne, me prenant par la main, me faisait, à l'apparition du soleil, exécuter une gracieuse révérence, accompagnée des mots : « Bonjour, ami soleil ! » Cette pauvre femme, complètement illettrée, qui venait de la montagne, avait probablement conservé le souvenir d'une tradition de son pays. Sans doute qu'elle attachait une grande importance à cet acte de pieuse superstition, qu'elle me faisait accomplir tous les matins, car je me souviens qu'elle était profondément triste les jours où le soleil ne se montrait pas.

Comme lorsque j'étais enfant, j'ai voulu aujourd'hui adresser mon invocation au soleil.

Oui, vive le soleil ! et si le ciel tient absolument à nous jeter encore quelque chose, que ce ne soit pas de la pluie, — nous en avons assez pour le moment. — Que ce soit un gouvernement stable qui nous conduise à de hautes destinées » (*).

(*) « Où préside le moins possible M. Rouvier, des galeries du Palais Royal », a fait imprimer M. Ponet.

LES BRASSERIES A FEMMES (*)

Voilà, si je ne me trompe, une question palpitante d'actualité. Le soleil darde sur nous ses plus chauds rayons, et le besoin de se désaltérer se fait vivement sentir.

On boirait bien du vin. Mais il vous donne des coups de bâton sur la tête, quand il est bon, et il vous assomme en plein, quand il est frelaté. Or, comme il est plus souvent frelaté que bon et que vous avez une répulsion instinctive pour les coups de bâton, vous délaissez Bacchus et vous vous rendez chez Cambrinus.

Vous êtes bien accueilli, trop bien accueilli. A peine êtes-vous installé, une fille de brasserie — certains journaux appellent ça *Hébé* — vient s'installer à vos côtés et vous demande ce que vous désirez... et ce que vous lui offrez. Mais vous faites la sourde oreille à la deuxième partie de la requête. Les conversations que vous entendez, ce que vous voyez, achèvent de vous édifier. Vous avalez votre bock — pas le verre : ce qui est dedans — pendant que la déesse de tout à l'heure délaie une absinthe qu'un vétéran de l'endroit, plus galant que vous, vient de lui offrir, et vous vous esquivez, persuadé que vous vous êtes étrangement trompé d'établissement. Mais c'est en vain que vous cherchez à discerner un gros numéro! Vous n'apercevez que cette enseigne : *Brasserie de... ce que vous voudrez*. Et vous vous éloignez.

M. Cambon vient, dit-on, de décider que les brasseries ne resteront plus ouvertes toute la nuit. — C'était pitié de voir les mièvres jeunes gens qui en sortaient à des heures

(*) Numéro du 26 juin 1887.

mêmes plus du tout matinales — et d'interdire aux filles de brasserie de s'attabler avec les consommateurs. Ce serait parfait... si ça se faisait. Mais on sait avec quelle désinvolture on se joue des règlements et arrêtés dans certains établissements et combien l'appât de quelques verres ou parfois de quelques piécettes blanches peut faire fermer les yeux aux agents vigilants de l'autorité.

N'y avait-il pas un remède plus radical à prendre et était-il, est-il encore nécessaire de le prendre ? — C'est ce que je vais examiner.

⁂

Qu'est-ce qu'une brasserie à femmes ?

Je parle au point de vue général. S'il y a au point de vue particulier d'honorables exceptions, tant mieux !

Une brasserie à femmes est surtout un lieu de rendez-vous, une maison de débauche, qui, si elle ne livre pas sur place la marchandise... humaine, facilite singulièrement les... transactions.

Leurs habitués — car le client d'aventure n'y retourne pas — sont généralement de vieux beaux dont la longue expérience dans la sentine de Cythère perfectionne ou achève la démoralisation de ceux ou celles qui les hantent; de jeunes étudiants qu'énervent les articles du Code ou les formules du Codex ; de petits commis de magasin et de bureau qui sont fatigués d'avoir auné toute la journée de la mousseline ou du calicot et barbouillé des chiffres ; enfin, brochant sur le tout, ces êtres connus sous les noms d'Alphonse, souteneurs, marquis du dos vert, etc.

Les types du centre sont exploités par les deux types extrêmes, en attendant que les prêtresses du lieu achèvent de les rouler dans la fange au physique et au moral. Heureux encore quand ils n'échouent pas sur les bancs de la police correctionnelle ou sur ceux de la Cour d'assises, comme dernièrement le clerc de l'huissier Boniface.

Elle avait été cependant bien anodine, la première entrevue. Il était entré timidement dans la brasserie. Une des filles de l'endroit, tablier blanc et sacoche nickelée sur le ventre, s'était approchée de lui et, de sa voix la plus douce, avait soupiré :

— Monsieur désire ?...

Et il avait répondu :

— Un bock !

Le bock avait été servi et, en échange d'un baiser à la diable, elle avait obtenu un *nuage*, une absinthe au sucre et une chartreuse,

Chaque jour ramenait, avec le même... becquetage, les mêmes consommations, non pas qu'elle tint absolument à boire, mais parce que le mot d'ordre du patron était : « Consommez ! »

Puis une bague fut demandée et obtenue. Puis une robe. . Puis une montre.

Il fallut voler le patron. L'ordre ne régnait pas dans l'étude Boniface. Il put dissimuler des rentrées qu'il était chargé de faire et, en quelques mois, les soustractions atteignirent le chiffre de 4,000 francs. Lui et elle furent arrêtés.

Les juges eurent pitié de cet enfant, séduit par une fille de brasserie. Ils ne le condamnèrent qu'à un an de prison.

Et elle ?...

Elle !... elle fut acquittée... Elle continue son honorable profession.

⁂

Vous savez comment se recrute la corporation. Sur cent filles de brasserie, trois le sont par tempérament, par vocation, dix par fainéantise et le reste l'est par intérêt. Filles de marbre qui se défendent d'être filles publiques, uniquement parce qu'elles ne sont pas *en carte* — ce qui est un tort.

A ces chevalières de la sacoche viennent souvent se frotter des Laïs de bas étage en quête d'amants ou en traînant un à leur bras. Elles se font bon visage. Il y a tant d'affinités entre elles. Ce que l'une est aujourd'hui, l'autre le sera demain.

Voilà l'atmosphère au sein de laquelle on vit dans les

brasseries à femmes et où s'atrophient la pensée et les sentiments généreux de la jeunesse!... Malheur à l'imprudent qui, y ayant mis les pieds une fois, ne se hâte pas d'en sortir en secouant la poussière de ses souliers!

Mais si c'était tout!...

Et ce n'est pas tout... Il y a... des inconvénients autrement sérieux.

La plupart des filles de brasserie se livrent à la prostitution avouée ou clandestine. Quelles garanties sanitaires offrent-elles? — Aucune. La fille de joie, qu'elle soit en maison ou escompte le trottoir, est soumise à des visites périodiques et régulières. La fille de brasserie y échappe. Pourquoi? L'administration a-t-elle une raison, une excuse plausible à fournir? Qu'elle la fasse connaître!...

En attendant, je maintiens que ces bouges ne servent qu'à tarir de plus en plus et chaque jour les sources vives de la nation, qu'ils corrompent le sang de la jeunesse et qu'ils préparent à la France des générations éternellement débiles!...

Ce n'est pas moi, profane, qui ai dit cela le premier. C'est la médecine. Elle a poussé son cri d'alarme. C'est un *tolle* général. Des commissions ont été nommées pour rechercher la prophylaxie de la syphilis. Des docteurs spéciaux ont lu des rapports à l'Académie de médecine. Il y a eu unanimité d'opinions. Il faut supprimer les brasseries à femmes. L'administration a-t-elle toujours des yeux pour ne pas voir, des oreilles pour ne pas entendre?...

Eh quoi! un agent des mœurs aura le droit d'arrêter sur le trottoir une fille *en carte* parce qu'elle se sera offerte à un passant, et son mandat viendra se briser devant les portes d'un établissement interlope où, en plein jour, des femmes non soumises à la règlementation sanitaire pourront s'offrir à tout le monde, dans des lieux publics où chacun peut pénétrer, même les femmes, même les enfants!...

Qu'en savez-vous? me dira-t-on.

Ce que j'en sais?... Expliquez-moi donc, vous, ce que font toutes ces drôlesses qui viennent s'attabler avec vous, trinquer avec vous, sans même vous connaître! J'ai vu de mes propres yeux un gamin de quinze ans au plus tenir une de ces poupées sur ses genoux et l'embrasser à belles dents !... Procède-t-on autrement dans les maisons de prostitution reconnues ? Et, si ce n'est pas là de la débauche publique et de l'excitation publique à la débauche, qu'est-ce donc ?

Que je ferme les yeux !... Que je n'aille pas dans ces brasseries !... Le commerce est libre !... dites-vous...

Fort bien ! Mais alors qu'elles aient, elles, la franchise de l'enseigne ! Qu'elles arborent un gros numéro !... Chacun saura où il va, et nul ne pourra se plaindre s'il s'est fourvoyé. Mais il n'y a rien de tout cela. Les dehors des brasseries à femmes sont presque vertueux... Des fleurs, des fenêtres largement ouvertes, de la lumière à profusion.

⁂

Autrefois la jeunesse se cachait quand elle se rendait dans les *maisons publiques*. Elle y allait nuitamment, à la dérobée, sans bruit.

Aujourd'hui, en plein jour, nos jeunes gens entrent crânement, le cigare aux lèvres, dans des maisons de prostitution autrement dangereuses.

— Nous allons à la Brasserie, disent-ils.

Brasserie est le pavillon honnête qui couvre l'ignoble marchandise !...

Voulez-vous le mot de la fin ?

Il n'est pas de moi.

Les brasseries à femmes, dit le docteur Fournier, sont « la peste de notre société ».

« Nos fils, dit le docteur Le Roy de Méricourt, y trouvent les trois fléaux de la société actuelle : la flânerie, l'imbécile et écœurante flânerie, l'alcoolisme et la vérole. »

UNE AFFAIRE BIEN EMBROUILLÉE (*)

Diogène, allume ta lanterne et suis-moi ! Nous marchons sur un terrain aussi clair qu'une soute à charbon. Tu dois comprendre de quoi il s'agit... Non !... Je te l'expliquerai tout à l'heure. Nous n'avons pas de temps à perdre. Dépêche-toi, car l'affaire change d'aspect et se corse à chaque instant. Tu as pris ton bidon à huile? A la bonne heure! Nous en aurons besoin. Ce n'est pas seulement un homme, M. le comte de Lacour-Garbeuf, que nous cherchons. C'est aussi et surtout une femme, Mlle Mercédès de Campos.

— Lacour de Garbeuf ! Mercédès de Campos ! Qu'est-ce que c'est que ça ?

— Deux êtres qui ont fui comme une ombre, qui ont disparu comme par enchantement.

De la diligence ! Nous les trouverons peut-être en nombreuse et joyeuse compagnie ! Voile ta lanterne pour un instant. Ils ont dû se diriger du côté de Montmorency, petite ville renommée pour ses ânes et ses cerises. Nous prendrons des ânes, si nous sommes fatigués. C'est, d'autre part, la saison des cerises. Nous ne craignons donc rien.

Première Journée.

C'est un enlèvement !

Un enlèvement mystérieux !

Tels sont les cris qui nous arrivent à la fois des quatre points cardinaux, par télégraphe, par téléphone, qu'on se

(*) Numéro du 8 juillet 1887.

répète sur l'oreiller, à la caserne, en chemin de fer, au Sénat comme à la Chambre, en province comme à Paris, à la ville et à la campagne, partout, partout.

Vous connaissez l'histoire :

Sous les yeux de sa duègne, Marceline Bond, en plein Bois de Boulogne, à cent pas de l'Arc-de-Triomphe, à midi, Mlle Mercédès de Campos, célèbre par son procès avec son mari, le comte de San-Antonio, et le divorce qui s'en est suivi, a été enlevée et mise dans une voiture qui s'est éloignée au galop.

Ce qu'il y a de plus curieux, c'est qu'un sergent de ville de planton en cet endroit a assisté indifférent à cet enlèvement.

L'ambassade d'Espagne a été prévenue. La police est sur pied.

Est-ce bien un enlèvement ?

A-t-on crié au secours ?

Ne serait-ce pas plutôt une délivrance ?

Autant de points d'interrogation qui se posent. Je cours aux renseignements. Alerte, Diogène !

Deuxième Journée.

Je les ai trouvés !

L'ancienne duchesse de la Torre habite une villa aux environs de Montmorency, en compagnie de son... comment dirai-je ?... mais je n'ai pas le don de la double-vue..., je dirai donc du vicomte de Lacour de Garbeuf, qu'elle appelle déjà « son cher Michel ».

Je remarque qu'elle a beaucoup pâli. Pourquoi ? Je me le demande. Aurait-il eu raison ce sergent de ville philosophe qui répondait à Mme Bond : « Une enquête ! Elle nous apprendra que la particulière est dans ce moment... ! »

Ont-ils de l'esprit, ces sergents de ville !

Je fais le tour de la villa. Il fait très chaud, mais une forte brise du nord-est tempère les rayons du soleil. Je m'étends sous les cerisiers, pendant que les persiennes se ferment. Il fait si chaud !

Bonsoir, Michel, bonsoir !

Troisième Journée.

Les jours se suivent et ne se ressemblent pas. Les opinions non plus. Ce ne serait plus un enlèvement.

Ce serait tout simplement :

Une affaire malpropre !

L'exploitation de la femme en partie double !

Une bien triste comédie !

Une opération de rastaquouères décavés !

Du chantage !

Les acteurs deviendraient :

Des héros de romans !

Une bande d'aventuriers !

Un hypnotiseur !

Le vicomte de Lacour de Garbeuf, devenu tout simplement Michel Mielvaque, ne serait plus qu'un éhonté ravisseur, qu'un maître chanteur, qu'un vulgaire coureur de dots, flanqué de sbires plus ou moins titrés, auxquels une commission aurait été promise, car elle a des millions, la belle et noble Andalouse !

Celle-ci ne serait plus qu'une inconsciente dont la névrose aurait fait une détraquée sans énergie et sans volonté ou encore une personne qui aspirerait à devenir tout bêtement une horizontale de grande marque. Tous les goûts sont dans la nature...

Décidément, je m'y perds, et ta lanterne, ô Diogène! éclaire fort mal.

Ce que c'est que de nous, tout de même ! Et que nous étions loin de penser à cela quand nous nous endormîmes hier, sous les cerisiers de Montmorency, bercés par le bruissement sonore des feuilles et le murmure de l'onde dans les prés !

Quatrième Journée.

Je viens d'entrevoir un terrible homme. On le dit amoureux de la belle Mercédès, ce qui expliquerait son horrible méchanceté... On le dit, de plus, son conseiller et presque son tuteur. Mais Mercédès ne veut pas de conseils, et, en fait de tutelle, elle en exige les comptes. C'est peut-être encore ce qui expliquerait l'exaspération du petit boiteux catalan, car il est boiteux, M. Joseph Rubau-Donadeu. Mais Mondragon, à qui j'emprunte ce détail, m'affirme qu'il arrivera toujours le premier, ce petit avocat qui a donné plus de tintouin au maréchal Serrano que toute l'armée de Don Carlos.

Rubau n'aperçoit là-dedans qu'un horrible chantage. Il prétend que tout le monde se trompe et que personne n'y voit clair. Ce n'est pas de l'amour, c'est une vile spéculation. Ce n'est pas le ciel, c'est l'abîme.

Décidément il est terrible, ce Rubau. Tel le commandeur défendant l'honneur de sa maison contre le ravisseur de Dona Anna.

Il part pour la Belgique, décidé à obtenir une ordonnance de capture contre le prétendu vicomte de Garbeuf et contre Mlle Mercédès de Campos.

Viens, Diogène !

Cinquième journée.

Trop tard ! M. Mielvaque et Mlle de Campos, en dépit des mandats d'amener lancés contre eux à Bruxelles et à Ostende, sont en route pour Queensborough. Est-ce que Mondragon se serait trompé, et le boiteux catalan, comme les carabiniers d'Offenbach, arriverait-il en retard ?

En attendant, l'affaire se brouille de plus en plus. Voilà qu'on présente le duc de Séville comme directement intéressé à l'affaire de Campos et prêt à profiter de ses millions pour armer ses partisans !

On dit encore que Mlle de Campos est bel et bien séquestrée et que la femme entrevue à Montmorency, puis en Belgique, en compagnie de Mielvaque, est uue fausse Mercédès, toujours voilée, d'ailleurs, qui est destinée à faire perdre la piste de la véritable, qui n'aurait pas même quitté Paris.

Comme bouquet, et aussi pour mettre le comble à la confusion dont cette histoire est le triomphe, voici qu'un autre avocat espagnol, conseil de l'ambassade d'Espagne, celui-là, dénie même le titre de *monsieur* au boiteux Donadeu, qu'il appelle l'homme le plus gifflé de toutes les Espagnes. Il lui reproche d'avoir tenu séquestrée Mlle de Campos, de sorte que, si la victime est à présent séquestrée, il n'y a eu qu'un changement de séquestration.

— Diogène, comprends-tu quelque chose à tout cela?

— Non.

— Ni moi non plus.

Sixième Journée.

Nous voici à Londres. Tout le monde s'y retrouve comme par enchantement, jusqu'au petit bancal, qui somme sous menaces Mlle de Campos d'avoir à s'expliquer. La police anglaise intervient. Mais Mercédès s'écrie en montrant « son cher Michel » : « Voilà celui que j'aime et que je veux pour mari ! »

Comme elle a vingt-six ans et qu'elle est majeure, la police anglaise disparaît, le boiteux disparaît et le rideau tombe. Mais il se relève bientôt pour nous montrer les futurs époux établis confortablement dans Liverpool-street.

Diogène, disparaissons à notre tour. Suis-moi. Tu peux éteindre ta lanterne. C'est une idylle. Laissons la rose au rosier et la femme à l'amant!

Septième Journée.

Ouf! Arrêtons-nous, Diogène. Voilà une semaine bien remplie! Mais, avant de nous séparer, donne moi ton opinion sur cette singulière aventure. Qu'en penses-tu?

— Ce que j'en pense?... Que Mercédès a bel et bien été enlevée par Michel.

— Ça, c'est de l'histoire ancienne. Mais dans quel but?

— Pour battre monnaie. Des millions, c'est tentant dans un siècle où règne le veau-d'or.

— Alors, tu ne crois pas à l'amour?...

— Expliquons-nous. Je pense que Mercédès croit aimer..., et qu'elle s'en repentira bientôt, lorsqu'elle découvrira toute la vérité et saura à quel triste monde elle a été mêlée. Car, depuis son faux Garbeuf jusqu'au non moins faux baron de Brix, on ne rencontre que gens essentiellement véreux dans cette affaire et bien dignes, en tous cas, de faire partie du *Club des Panés*.

— Pourtant ces gens-là ont souhaité la bienvenue à Mercédès au nom de *la noblesse française*.

— Qui descend par les croisées, et non des croisés. En somme, on a eu tort de faire autant de bruit autour de cette affaire, qui passe à l'état d'un simple fait-divers..... Laissons les tourtereaux se becqueter. Nous n'avons pas à être indiscrets. Nous ne devons pas les troubler. Et, puisque le Créateur a dit : « La femme quittera son père et sa mère pour s'attacher à son mari, et ils ne feront qu'une seule et même chair », je ne vois par pourquoi Mlle Mercédès de Campos, épouse divorcée de M. le comte de San-Antonio, fils du duc de la Torre, n'aurait pas le droit de quitter sa duègne pour en faire autant. Adieu, je rentre dans mon tonneau.

— Diogène, adieu! Mais ne t'éloigne pas trop... La saison est aux enlèvements, et j'aurai peut-être encore besoin de toi la semaine prochaine. Une autre affaire pas claire du tout. Devines-tu qui'il s'agit du baron Sellières ?

UN BOUGE (*)

J'ai jeté un pavé, l'autre jour, dans les brasseries à femmes. Quelques personnes ont bien voulu m'en louer. C'est un encouragement à continuer la campagne que j'ai entreprise contre les établissements interlopes qui sont comme des taches d'infamie au milieu des murs de notre cité.

D'autres personnes ont trouvé que mon pavé n'avait pas été assez lourd. Il ne suffit pas de faire du bruit, m'a-t-on dit, il faut écraser. Si un pavé ne suffit pas, prenez deux pavés, prenez trois pavés, prenez un rocher, au besoin, mais écrasez.

Hélas! c'est surtout à l'administration qu'incombe ce rôle de démolisseur, et c'est peut-être le motif qui fera rester debout bien longtemps encore les brasseries à femmes.

Quoi qu'il en soit, j'ai tenu à pousser un cri d'alarme et j'ai cherché à prouver — tant mieux si j'ai réussi — que les brasseries à femmes sont de véritables maisons publiques, sauf l'enseigne de l'établissement; qu'elles vivent surtout aux dépens des employés, des jeunes étudiants et des collégiens, et qu'elles sont, en outre, non seulement des foyers de démoralisation et d'alcoolisme, mais encore et surtout des foyers importants d'infection syphilitique.

Du reste, il n'est pas dit que je ne reviendrai pas sur leur compte un de ces jours.

Je veux appeler aujourd'hui l'attention sur un établissement d'un autre genre, qui n'est pas sans renom et qui

(*) Numéro du 10 juillet 1887.

fait, à lui seul, au moins autant de mal que dix brasseries à femmes réunies, immense ordure que le tombereau du *boueux* oublie d'enlever le matin en passant.

J'ai nommé l'*Assommoir*, du Théâtre-Bellecour.

⁂

Connaissez-vous cette cave? C'est le bouge par excellence. C'est le bouge hors concours. Il est voyou, il est bourgeois, il est aristocrate. Et c'est précisément ce qui le rend si dangereux. Toutes les classes y fusionnent et s'y coudoient. Elles se donnent réciproquement leurs vices, sans se prendre aucune de leurs qualités, si toutefois il peut encore exister des qualités dans ceux qui se font une habitude de fréquenter cette taverne, qui est comme l'aquarium de toutes les prostituées et de tous les... hommes-poissons qui battent le pavé de nos rues.

J'y ai mis une fois, une seule fois les pieds, et je vous assure que je n'ai pas eu le courage de m'y asseoir. Je me suis contenté de faire le tour de la salle et d'y croquer quelques types à la volée. L'atmosphère y est tellement saturée d'odeurs étranges qu'il faut être pourvu d'un estomac spécial pour y résister. On y éprouve un malaise que je ne puis mieux comparer qu'au mal de mer. Il faut vomir en sortant de là.

Je ne comprends pas que cet établissement soit toléré en pareil quartier. Non pas que j'en désire le transfert dans un quartier moins central — les habitants de nos rues excentriques sont déjà snffisamment pourvus de cabarets borgnes (*) et autres mauvais lieux, et je n'ai aucun motif pour leur vouloir autant de mal, — mais parce qu'il me paraît inouï que, dans la rue de la République, à dix pas de la place Bellecour, il ait pu s'élever et prospérer un bouge de ce genre.

(*) Je supprime ici une ligne que Ponet avait, de sa propre main et sans me consulter, ajoutée à mon manuscrit. Si mes manuscrits ont été saisis — car Ponet ne me les rendait pas — le magistrat chargé de les compulser aura pu faire cette remarque.

Et non seulement il est toléré, non seulement il prospère, mais il est encore protégé. Il a toujours fait partie des rares établissements qui étaient autorisés à rester ouverts toute la nuit. Je ne sais même pas si depuis le récent arrêté Cambon, rapportant cette faveur, il n'a pas échappé à la loi commune. Comme je ne le fréquente pas et que je n'en suis pas sûr, je n'affirme rien, mais cela serait que je ne m'en trouverais nullement étonné.

Quel est donc ce mystère et d'où vient, sinon cette grande amitié, tout au moins cet appui si tutélaire de la police à l'égard du sieur Kœmgen, propriétaire du lupanar en question?... Lui tiendrait-on toujours compte de son témoignage dans l'affaire des bombes du Théâtre-Bellecour, témoignage extraordinaire et si peu attendu qu'il faillit faire tomber la tête de ce malheureux Cyvoct, qui attend toujours là-bas, à Nouméa, qu'on le dépouille de la casaque du forçat qu'il n'aurait jamais dû endosser?

Il n'est pas nécessaire d'entrer à l'Assommoir — ainsi appelé surtout parce qu'on y échange chaque soir les coups et les horions — pour être édifié sur ce qui peut se passer à l'intérieur.

Voyez-en les abords : c'est un ramassis, un fouillis de femelles et de mâles de toutes marques et de tous âges, depuis la grue du ruisseau jusqu'à l'horizontale qui fréquente la Maison-Dorée, depuis le souteneur en casquette jusqu'à l'Alphonse en chapeau mou. Ceux-ci se tiennent d'abord à l'écart pendant que leurs étranges moitiés happent au passage le jeune dandy qui flâne ou l'ouvrier en goguette qui vient de toucher sa paie. Il faut entendre les appels qui se font, les conversations qui s'engagent! Il faut voir ces soudains entraînements de fauves en rut qui poussent tout ce monde vers le sous-sol, et, de là, autour des tables où fume la soupe au fromage, au milieu des pots de vin ou des chopes de bière!

Des voisins, des employés même de l'établissement m'ont affirmé que c'était tout simplement ignoble.

On achève à l'intérieur ce qui n'a été qu'ébauché sur le trottoir ou dans les escaliers. L'orgie ne tarde pas à battre son plein, et sur les tables rougies de débauche et de vin commencent à s'appesantir plus d'une tête sous la fumée de l'ivresse. Mais ne vous y trompez pas! Pour plusieurs c'est une ivresse factice, un étourdissement artificiel. On pense à autre chose, on pense au moment où l'on pourra refaire le jobard qui s'est laissé entraîner.

La sortie s'effectue enfin. La grue emmène son amant d'une heure, qu'elle jettera bientôt sur le pavé, dépouillé de sa montre et de son or, trop heureux encore si, en échange de sa bourse, il a pu échapper à l'infâme baiser, si on ne lui a pas donné sur les quais la légendaire volée et si on ne l'a pas laissé à moitié mort au milieu de la chaussée.

Le mieux qu'il puisse vous arriver en quittant l'Assommoir, c'est d'en sortir seul et de regagner, en titubant et le cerveau en délire, le seuil de votre demeure. Des jeunes gens m'ont dit qu'ils ne savent pas quelle mixture on leur débitait là-dedans, mais qu'ils se trouvaient toujours malades une fois dehors. Je me suis invariablement contenté de leur répondre : « C'est bien fait! Pourquoi y allez-vous, et surtout pourquoi, y étant allé une fois, y retournez-vous encore?... »

Oui, c'est bien fait. Si l'Assommoir n'était pas aussi couru, il y a beau temps qu'il aurait fermé ses portes. Mais comme sa clientèle est, sauf quelques exceptions, essentiellement tarée, il n'est pas prêt de nous donner cette consolation. Le vice entretient son temple.

C'est un coup de balai municipal qu'il faudrait par là.

Mais le donnera-t-on?

DIVORCE ! (*)

Puisqu'ils ne s'entendaient plus, il valait mieux en finir, n'est-ce-pas ?... La vie commune devenait intolérable. Ils se boudaient, se tournaient le dos, se parlaient à peine devant les domestiques. Il était avéré qu'ils avaient des torts tous les deux.

Lui avait trompé, dit-on, sa femme avec une actrice de petit théâtre. Il ne s'était pas affiché en sa compagnie, mais de ses poches étaient tombées des lettres aussi tendres que dénuées d'orthographe. Il ne pouvait nier.

Elle se drapait dans sa dignité blessée. Le pardon lui semblait une lâche faiblesse.

Pourtant il se repentait fort et jurait que jamais il ne reverrait la donzelle. Mais, puisqu'elle ne voulait rien entendre, au diable les conciliations et vive le divorce qui rend la liberté ou, tout au moins, la permission de changer de chaîne.

Ils sont mariés depuis longtemps. Elle n'est plus toute jeune. Quelques fils d'argent se mêlent à sa chevelure d'or. Lui n'a pas grossi. La redingote serre toujours un corps souple. Seulement la barbe s'éclaircit, et il met un binocle pour lire son journal le soir. Ils ont fait un mariage d'amour, et, quinze jours avant la noce, elle jurait à sa mère qu'elle serait morte si on ne lui avait donné son Gustave.

Maintenant elle songe à toutes ces choses, et cela l'attriste fort. Mais une femme ne peut supporter patiemment d'être trompée pour des... demoiselles, n'est-il pas vrai ?...

(*) Numéro du 17 juillet 1887.

Où irions-nous, grand Dieu ! si les trahisons nous laissaient indifférentes?...

⟡

Ce jour-là, elle est un peu troublée, parce qu'elle a reçu une lettre de celui qui fut son mari. Depuis trois mois qu'on les a divorcés, c'est la première fois qu'elle a de ses nouvelles. Il demande un rendez-vous pour parler d'affaires et s'excuse fort de l'impression, peut-être pénible, qu'il va causer.

Elle lui répond qu'elle n'a reçu aucune impression et qu'elle est prête à le recevoir.

Le lendemain, le cœur lui bat un peu lorsqu'elle entend sonner, mais c'est d'un pas ferme qu'elle entre dans son salon. Ils se saluent, et d'un geste poli elle lui montre un siège.

— Voilà, dit-il, Madame, le sujet de ma visite : mon notaire vient de m'apprendre que, lors de notre divorce, la ferme des Eglantines avait été transcrite comme un bien m'appartenant. Nous avons passé, s'il vous souvient encore, la première nuit de notre mariage aux Eglantines. En un temps plus heureux nous y faisions de pieux pèlerinages. Je désire que la ferme fasse partie des terres que je vous ai laissées. Y consentez-vous?...

— Non, Monsieur, répondit-elle avec un léger tremblement dans la voix. Vous n'avez aucune raison pour me faire des cadeaux, que je n'ai pas le droit d'accepter. Brisons là, je vous prie !...

Mais, en une seconde et sans qu'elle pût s'empêcher, voilà les impressions ressaisies. Elle revoit la ferme où, par un étrange caprice, elle avait voulu passer sa lune de miel. Elle entend le coucou et son tic-tac régulier. Le parfum de la farine sort de la huche. Le chat ronronne les yeux clos. Les violettes embaument.

Et tous ces souvenirs se pressent en foule autour de son cœur, essayant d'y rentrer. Elle pâlit, elle se trouble. Il est là devant elle, celui qu'elle a si follement quitté. Depuis trois mois elle songe sans cesse à son bonheur évanoui, à sa vie qui se passera sans amour, dans l'isolement et le regret. Elle le regarde. Leurs yeux se rencontrent. Leurs mains s'unissent.

Il veut parler. Mais aucun son ne sort de sa bouche. Ses yeux, baignés de larmes, restent fixés sur la chère regrettée.

— Ah ! ma femme, si tu pardonnais, nous serions heureux comme autrefois.

Elle hésite un peu, puis elle va tomber sur son cœur, qui bat comme aux jours passés !

Mais elle se rejette en arrière avec un cri d'angoisse.

— Non, non, je ne puis plus être ta femme. La loi le défend. Tu es le seul homme sur la terre que je ne puis épouser. Je ne serai que ta maîtrese, la concubine que tu fais asseoir à ton foyer... Oh ! c'est horrible !...

Il va s'agenouiller à ses pieds, pendant qu'elle pleure la tête dans ses mains.

— Ma bien-aimée, lui dit-il, console-toi. Tu seras ma maîtresse, mais tu resteras ma femme. L'Eglise ne reconnaît pas le divorce. Nous nous ferons dévots.

IL REVIENDRA ! (*)

— Boulanger ?
— Peut-être.
— Philippart ?
— Certainement.

Le monde est aux audacieux. Qui le fut plus que Philippart ?

Deux fois déjà il a paru dans le monde des affaires. Par ses entreprises hardies il transforma le marché, et, le jour où, succombant à la coalition da la haute banque, il dut pour un temps abandonner la lutte, sa chute retentissante ne fut pas sans grandeur. Et l'on vit, spectacle sans précédent, la plupart de ceux dont il avait compromis la fortune dans ses aventureuses entreprises, ceux mêmes qu'il avait ruinés, ne pas désespérer de lui, croire à un retour possible de ce révolutionnaire financier.

Conspué par ses puissants adversaires, mis en faillite, emprisonné, on put croire un moment Philippart perdu sans retour. Mais le lutteur tenace se préparait déjà à de nouveaux combats et étudiait les diverses combinaisons qu'il vient de nous révéler.

Le procédé de Philippart, dangereux pour un autre, paraît devoir merveilleusement lui réussir à lui. Il s'adresse à ses anciens clients, à ceux qui une et deux fois suivirent le char de sa fortune, et il leur dit :

— Vous avez par moi perdu votre argent, beaucoup d'argent... Moi seul peux vous le faire rattraper... Vos titres sont dépréciés. Echangez-les contre ceux que je vais

(*) Numéro du 24 juillet 1887.

créer et vous verrez revenir les beaux jours de la Banque européenne, car je suis le Philippart d'antan, mais un Philippart devenu plus fort par une expérience chèrement acquise.

A ce simple langage on croit rêver, et l'on se demande si un peu de folie ne hante pas le cerveau de celui qui prétend réaliser des choses extraordinaires. Et cependant, à entendre Philippart développer ces divers projets, tout ce qu'il avance paraît possible, et, quoi qu'on en ait, personne ne trouve une objection à faire. De là l'unanimité qui marque chacun des votes de ses assemblées.

Celui qui sait ainsi charmer la foule n'est pas le premier venu. Les événements vont-ils consacrer les théories séduisantes et réparatrices de ce grand audacieux ?

Les temps sont venus et la parole est aux faits.

Demain nous dira la place qu'il faut définitivement donner à Philippart dans notre histoire financière contemporaine.

SPULLER ET DAVOUT (*)

Un des supplices les plus cruels du bagne, disent quelques-uns, les plus atroces, disent quelques autres, consiste dans l'accouplement d'un homme du monde avec un pâle voyou, d'un innocent avec un criminel.

Le fait est que ce frottement incessant et de toutes les heures, journalier et nocturne, doit être pour ceux qui le subissent une singulière aggravation de peine, non prévue par le Code.

Or ce supplice, je m'imagine que le générat Davout a dû l'éprouver samedi aux côtés du Badois Spuller.

Précisément, pendant que ledit Badois Spuller faisait son entrée dans la ville de Lyon et que les règlements obligeaient le général Davout à aller s'asseoir à côté de ce triste personnage, la *Comédie politique* publiait le récit de la campagne de 1806, emprunté à l'*Histoire du Consulat et de l'Empire*, et dans laquelle se trouve le passage suivant :

> Le maréchal Davout joignait au sens le plus droit une fermeté rare, une sévérité inflexible. Il était porté à la vigilance autant par l'amour du devoir que par le sentiment d'une infirmité naturelle qui consistait dans une très grande faiblesse de la vue. Cet homme de guerre illustre devait ainsi à un défaut physique une qualité morale. Ayant de la peine à discerner les objets, il s'appliquait à les observer de très près. Quand il les avait vus lui-même, il les faisait voir par d'autres. Il accablait sans cesse de questions ceux qui étaient autour de lui, ne prenait aucun repos, n'en laissait à personne, qu'il ne se crût suffisamment informé, et ne se résignait jamais à vivre dans l'incertitude où tant de généraux s'endorment, en livrant au hasard leur gloire et la vie de leurs soldats.

(*) Numéro du 24 juillet 1887.

Singulière destinée des choses d'ici-bas ! Être le neveu d'un tel homme, qui a servi sous un tel maître et dans de telles conditions, et être obligé, de par les convenances, d'aller ternir l'éclat de son nom et de ses épaulettes en les frottant à la redingote d'un Spuller !

Je m'imagine que, s'il a songé à la cocarde de son oncle et à la redingote de Spuller, quelque chose dans la poitrine du gouverneur de Lyon a dû bondir l'autre jour de dégoût, et que ce n'est réellement qu'avec la passivité du forçat que le général duc d'Auerstædt a pu accompagner, même à une simple distribution de prix, ce ministre français qui n'a jamais servi la France et qui n'est même pas Français.

Dans tous les cas, les sifflets qui n'ont cessé de retentir autour du landau ministériel ont dû les lui rappeler amèrement, ces souvenirs, et il a dû se tordre les mains en entendant le Badois susnommé s'écrier : « Citoyens qui m'écoutez, tout pour la France et rien pour un homme ! »

Je l'entends bien ainsi, et j'estime que le Spuller, ne venant à Lyon que comme forcé et après beaucoup d'hésitations, ne s'attendait pas à recevoir des hommages personnels.

On savait bien, dans les sphères gouvernementales, l'accueil qui attendait ce ministre étrange et étranger. Aussi n'est-ce qu'à la dernière heure qu'on s'est décidé à l'envoyer affronter lazzis et sifflets.

Et surtout on a eu bien soin de l'envoyer au lendemain du 14 Juillet, pour donner à entendre que les rares drapeaux ou arcs de triomphe qui existaient encore aux fenêtres et dans les rues avaient été ou arborés ou dressés pour lui.

La réception a été ce qu'elle devait être : une gigantesque déception. C'est bien fait aussi ! On ne se joue pas ainsi du patriotisme de toute une ville, et si les cris de : *A bas le Badois ! A bas le Prussien !* n'ont cessé de l'accompagner partout, c'est qu'on ne connaissait que trop l'histoire de cet homme, fils de Badois, qui n'a jamais satisfait à la loi militaire.

Encore une fois Spuller n'a eu que ce qu'il méritait.

Mais j'ai plaint, bien sincèrement plaint, notre pauvre gouverneur, forçat du devoir, d'avoir été forcé d'assister à cette grande comédie.

— Pends-toi, brave Crillon, tu n'y étais pas! écrivait autrefois Henri IV.

— Pendez-vous, général Davout, vous y étiez! puis-je dire aujourd'hui.

L'ASSOMMOIR (*)

— Quand je vous le disais qu'il était protégé...

— Qui ?

— Le sieur Kœmgen, parbleu ! Autrement, comment expliquer ce que raconte la *Tribune* :

« Cet établissement est décidément bien dénommé. De temps en temps on y assomme là comme à l'Abattoir. Avant-hier, une scène d'une brutalité inouïe s'y est accomplie vers deux heures du matin.

« A la suite d'une discussion survenue entre le directeur de ce tapis-franc et un consommateur, M. Vallat, des horions furent échangés.

« D'aucuns prétendent que le directeur de ce lupanar, afin de mieux malmener son client d'occasion, l'a fait cerner et maintenir par ses employés. Il aurait frappé ainsi à coups redoublés sur le visage du malheureux Vallat, un garçon chétif comme une jeune fille anémique.

« Bref, les gardiens de la paix arrivèrent comme les carabiniers d'Offenbach, cadençant le pas d'opéra comique.

« Vous croyez que l'on empoigna l'auteur du délit ? Allons donc !.. C'est Vallat, le battu, qui fut collé au clou.

« Hâtons-nous de dire que M. Dagnac, le sympathique et intelligent commissaire de police de Bellecour, a fait aussitôt relâcher l'infortuné Vallat, qui va intenter au propriétaire de l'Assommoir une action judiciaire.

(*) Numéro du 7 août 1887.

« Il y a gros à parier que c'est encore le battu qui sera condamné. »

Ainsi, c'est bien entendu, on tolère ce bouge au milieu de Lyon, et pendant que d'autres établissements ont été privés de la faveur de rester ouverts toute la nuit, on continue à l'octroyer au sieur Kœmgen.

Pourquoi ?

Quelques-uns prétendent que cette facilité laissée à un seul établissement y attire toute la gent errante de Lyon et qu'il est plus facile à la police, à un moment donné, d'y exécuter un immense coup de filet.

En d'autres termes, l'Assommoir ne serait qu'un vaste *refugium peccatorum*, qu'une gigantesque toile d'araignée où la police guetterait sa proie.

Je ne sais pas si c'est bien nécessaire ; dans tous les cas, ça ne me paraît pas très moral. Il n'est pas convenable de tendre des pièges aux passants, et surtout de les confier aux mains d'un Kœmgen...

Quoi qu'il en soit, le bon public est prévenu. Il doit comprendre, ainsi que je l'insinuais dans un précédent article, que non seulement le directeur de l'Assommoir est toléré, mais encore protégé.

En attendant, la vogue de cet établissement augmente et la foule s'y porte de plus en plus.

Au lieu de s'éparpiller dans une dizaine de foyers, comme elle faisait auparavant : *A la Luxembourgeoise*, *A la Flamande*, *Au Rocher de Cancale*, etc., etc., elle se concentre dans le sous-sol du Théâtre-Bellecour.

Que voulez-vous ?... Ces pauvres noctambules vont où ils peuvent. Ils savent qu'il y a encore un établissement ouvert passé minuit et ils s'y précipitent. S'ils savaient que tout est fermé, à cette heure, ils se rendraient probablement dans leur lit.

L'administration, qui n'est pas aussi amie du repos public qu'on le croit, a préféré que le lupanar en question restât ouvert et les chambres à coucher veuves de leurs hôtes.

D'ailleurs, il faut bien songer un peu aux souteneurs et aux filles de joie ! Que ferait ce joli monde quand le trottoir est désert, si, tout étant fermé, ils étaient obligés, comme le commun des mortels, de regagner leur soupente ou leur mansarde ?

Les ivrognes ont leur dieu !

Il est juste que les rôdeurs et rôdeuses de zinc aient leur Priape !

TABLE

Imp. J.-B. Mosset, cours de la Liberté, 70, Lyon.

www.ingramcontent.com/pod-product-compliance
Ingram Content Group UK Ltd.
Pitfield, Milton Keynes, MK11 3LW, UK
UKHW012229240726
13966UKWH00003B/1019